東京大学東洋文化研究所図書室編

はじめての漢籍

汲古書院

はじめに

東京大学東洋文化研究所は、アジア全域にわたるさまざまな言語の図書を豊富に所蔵しております。なかでも多くの部分を占めるのが、中国の古典籍、いわゆる漢籍です。

東京大学（当時は東京帝国大学）に東洋文化研究所が設置されたのは昭和十六年（一九四一）、戦後になって旧東方文化学院の蔵書を受け継ぎました。本所にはまた大木文庫、双紅堂文庫、倉石文庫などさまざまな個人蔵書コレクションも収蔵されており、これら蔵書のなかには宋元版、あるいは絶海の孤本をも含む善本も数多く含まれています。

本所ではこれら漢籍の目録を編纂するとともに、近年では図書館内に貴重書庫を設置し、またデジタル・データの公開を行うなど、貴重図書の保存と研究・公開に努めてまいりました。

本研究所図書室では、日々これら貴重な蔵書の管理にあたっている職員たちの自発的な研鑽の機会として、平成十七年度から四回にわたり、「アジア古籍保全講演会」を開催してまいりました。この講演会は、古籍の保全をめぐって、紙の劣化、虫害などについての専門家をお招きしてお話をうかがい、意見を交換する意義深い集まりとなりました。その記録は、東洋文化研究所図書室から刊行されるとともに、図書室ホームページから、その全文を見ることもできるようになっています。

「アジア古籍保全講演会」が一段落した後も、図書室職員の学習意欲はさらに高まりをみせ、ここに平成二十一、二十二年度にわたり、「はじめての漢籍」講演会が開催されました。これは、いま全国各地の図書館で需要の多い漢籍整理につき、まったくの初心者にもわかるように、漢籍とその周辺の知識をお届けすることを目指した講演会でした。

第一回は、平成二十一年十一月十一日（水）に開催され、

漢籍とは？　大木康
四部分類について　橋本秀美
東京大学文学部漢籍コーナーの漢籍について　石川洋
東京大学東洋文化研究所の漢籍について　小寺敦

の四つの報告が、そして第二回は、平成二十二年六月九日（水）に開催され、

漢籍を読む　齋藤希史

工具書について　平勢隆郎

東京大学総合図書館の漢籍　大木康

の三つの報告が行われました。この二回の講演会は、東京大学総合図書館の大会議室を会場にして行われ、いずれも百名をこえる聴衆を集め、盛会のうちに終了いたしました。

この講演を、そのままにしておくのはもったいない。何らかの形で、記録としてまとめてはという声がおこり、当日の講演筆記をもとに、講演された各先生方に手を加えていただいたものをまとめたのが本書です。

これによって、読者が漢籍に興味を感じ、さらに知識を深めて下されば、私どもとして、これほどうれしいことはありません。

なお、大学、図書館、博物館などの機関職員を対象とするものではありますが、東洋文化研究所附属の東洋学研究情報センターでは、毎年「漢籍整理長期研修」を行い、漢籍整理につい

ての講義と実習を行っております。

平成二十二年九月

東京大学東洋文化研究所長
羽　田　　正

はじめての漢籍 目 次

はじめに　羽田 正……i
漢籍とは？　大木 康……3
漢籍を読む　齋藤希史……29
初心者向け四部分類解説　橋本秀美……57
工具書について　平勢隆郎……85
東京大学総合図書館の漢籍について　大木 康……119
東京大学文学部漢籍コーナーの漢籍について　石川 洋……137
東京大学東洋文化研究所の漢籍について　小寺 敦……181
あとがき……201

はじめての漢籍

漢籍とは？

大木　康

皆さん、おはようございます。東洋文化研究所の大木でございます。東洋文化研究所ではここ数年毎年、図書室の皆さんが、まさしく自分たちの勉強のために、関心があり、実際の業務の上でも必要というテーマを選んで、アジア古籍保全講演会などの講演会を企画し実施してまいりました。図書室の皆さんが、あまりにも勉強熱心であるがために、今回はわれわれが引っぱり出された次第です。

この後、小寺先生のお話にもありますように、確かに東洋文化研究所にはたくさんの漢籍があります。図書室の皆さんは毎日この漢籍と格闘しておられるわけです。東文研だけではなく、日本の多くの図書館には漢籍が所蔵されています。しかし、一般の和書、あるいは洋書と比べますと、やはり漢籍についてはなじみが薄いというのが実情だろうと思います。

考えてみますと、わずか百数十年ぐらい前、江戸時代の終わりごろまでは、日本で学問といいますと、大体は漢籍を読むことだったのだろうと思います。ところが、今では漢籍の扱い方すらも分からなくなってしまっている。そういう意味では、漢学の凋落ぶりはなかなか甚だしいものがあります。しかし一方で、確かにかつての漢学の全盛を反映して、漢籍、本そのものは日本にたくさんあるわけです。ですから、図書館における漢籍整理の必要性は、依然としてかなり高いと言ってよいと思います。本日のこの企画が少しでも多くの皆さまのお役に立てばと思っている次第です。

今回の講演会、まず私が「漢籍とは？」ということで、漢籍をめぐる全体的なことについてお話をさせていただきたいと思います。

「伝える」

今日のキーワードとして、「伝える」ということを考えました。今ここに、私が手に取っている一冊の本があります。『老子』という書物ですが、糸とじ、いわゆる線装本(せんそうぼん)という形態の本です。見た目からしても、今われわれが普通に使っている日本の現代の本や洋書などとは違っています。これは中国の明の万暦年間に刊行された本です。大体一六〇〇年ぐらい、ちょうど徳川家康が江戸幕府を開いたころに中国で出版された書物です。

私たちは普段、本を読む時に、あまり深くは考えないかもしれないのですが、中国で四〇〇年も前に刊行された書物の、まさにその実物が今ここにあって、それを見ることができる。これはなかなか大変なことです。四〇〇年という時間を考えますと、中国にあっても、あるいは日本にあっても、戦争は幾らもありましたし、本を持っている個人の家が火事になって焼けてしまうこともあったかもしれない。あるいは、かつて中国で文化大革命の際に、一部そういうことがあったという話を聞きますが、古い書物などはもう要らないと言って捨ててしまったこともあったようです。そういうさまざまな災いがあったはずなのに、そうした災難を逃れて、この本がまさに現在ここにある。これは本当に大変なことなのだと思います。

そして、この一つの書物についても、持ち主は何度も変わっています。この明版の『老子』は、戦前東京にあった中国研究機関である東方文化学院の旧蔵書で、戦後、東方文化学院が東大の東洋文化研究所に吸収合併された際に、東文研の所蔵になった本です。そしてそもそも、徐則恂（じょそくじゅん）という上海の蔵書家が持っていた本が東方文化学院に来たものです。もちろん、さらにその前の持ち主もあったわけです。

つまり、まさにこの一冊の本の中に、四〇〇年前にこの本が出版されてから今日に至るまでの歴史が詰まっているのです。最初に出版され、誰かの手に渡り、また別の人の手に渡る。しかも中国で出版されたものが海を渡って日本にやってきたという歴史が詰まっているわけです。そしてまた、これまでの数多くの人々がこの本を大切にしてきたからこそ、これが今ここにあるのだということを忘れてはならないのだろうと思います。

本日、まず申し上げたいことは、一つ一つの漢籍は、これまでの数限りない人々の努力によって今日にまで伝えられてきたものであること（キーワードの「伝える」です）、だからこそ、現在に生きるわれわれは、こうして長い歴史を通じて伝えられてきた書物を、さらに未来の人々に伝えていかなければならないわけです。過去の人々の努力があって、今まで伝わってきた。それを今に生きるわれわれがまた最大限の努力をして、後世の人々に伝えていく。ここでもし、この本をうっかり火事で燃やしてしまったりしたら、四百年もの間努力して伝えつづけてきた先人に対して申し訳が立たないわけです。

書庫の中に特別な貴重書庫をつくるとか、傷んだ本を補修してやるとか、あるいは細かい話ですが、本を読む時には丁寧に扱うとか、漢籍を読みながらノートをとる時には鉛筆を使うとか、飲み物を飲みながら読まないとか、コピーを取らないとか、そういうすべてのことが、まさしく現在ある本を将来へと伝えていく努力の一環なのだろうと思います。

「漢籍」の定義

今日のお話は「漢籍とは?」というテーマですが、「漢籍」の定義について手短かに触れておきたいと思います。漢籍とは何かという問題を考える時、まずは「中国書」という概念を考えると分かりやすいのではないかと思います。漢籍は、中国書の一部分です。では、この中国書とは何かと申しますと、これは中国の人が中国語(漢語)によって、著作、編集あるいは翻訳などをした書物、簡単に言えば、中国人が中国語で書いた本と言っていいと思います。今でも中国、あるいは台湾、香港などで中国語の本はたくさん出ております。その全体が中国書です。なお、中国人が中国語以外の言葉で書いた書物は、日本語で書いたものならもちろん和書になりますし、英語で書いたものなら洋書になります。中国人以外の人々が中国語で書いた場合が微妙です。例えば日本の江戸時代の学者は、研究の成果を漢文（つまりは中国語）で発表しました。この日本人の著作を漢籍とするかどうかは微妙なところで、漢籍に混ぜてしまう場合もありますし、和書として扱う場合もありますし、また別に「準漢籍」とする場合もあります。

中国書の中に、大きく「旧学書」と「新学書」があります。何によって分けるかと申しますと、大体一九一一年以前と以後によって分けています。この年、辛亥革命が起こって、清王朝が終わりを迎えます。もちろんこの年の以前と以後とで、そんなに急にすべてが変化するわけではないのですが、大昔から清朝までの、つまり辛亥革命までの時代に書かれた書物が旧学書で、だいたいこの旧学書のことを、漢籍と呼んでいるかと思います。なお、「漢籍」といういい方は、日本でのいい方で、中国ではこれを「古籍」といっています。

一九一二年以後、中華民国以後の本は、日本の明治時代と同じで、やはりヨーロッパ風の学問が中国に入ってきて、書物もヨーロッパ式の考え方にもとづいて書かれるようになってきます。「新学書」といわれるゆえんです。

旧学書については、いわゆる四部分類によって分類・配架しており、新学書については、日本の十進分類法、あるいは現代中国で用いられる分類法などによって分類・配架しています。

さて、この漢籍の定義ですが、何となくみんな漢籍というと、和とじの古い本と思われるわけですが、ここでご注意いただきたいのは、漢籍とは清代までに出版された本のことではなく、この時代までに書かれた書物であるということです。ですから、昨日今日出版された新しい本で、外見がいわゆる洋装本であったとしても、その内容が清朝以前に書かれたものであるならば、それは漢籍になるわけです。刊行年とか見た目とかは問わないということです。

それから、漢籍については、刊行地を問わないということもあります。かつて日本で学問といえば中国の学問でした。そのため、日本で漢籍が出版されることがしばしばありました。ここに持って参りました『老子』は、日本で出版された本です。日本で出たわけですが、中身はもちろん全部漢字ばかり、中国の『老子』です。ですから、これは漢籍として扱うことになります。朝鮮半島でもたくさん漢籍が出版されていて、「朝鮮本」といわれます。これも漢籍に入ります。

中国における書物の伝来

今日は漢籍とは何かということについて、「伝える」ということをキーワードにしてお話しております。先には、中国で出版された書物が、どのようにして現在の日本にまで伝えられたのか、ということについてお話いたしましたが、ここからはまた少し視点を変えて、中国で大昔に書かれた書物が、中国においてどのようにして現在まで伝えられてきたのかという方向から、漢籍とは何かという問題について考えてみたいと思います。

「大道廃れて仁義あり」とか、「上善は水の如し」、また「大器晩成」という言葉をよく耳にされると思います。「視れども見えず、聴けども聞こえず」などという言葉は何となく使っていますし、「柔よく剛に勝つ」とか「柔弱は剛強に勝つ」などともよく言います。これは全部『老子』という書物の中に見える言葉です。『老子』と『荘子』を合わせて、老荘といわれるその『老子』です。いま申し上げたように、現在のわれわれでも「大器晩成」など『老子』の言葉はよく使っていますし、実際に何らか人生の指針を求めて、『老子』という本を手に取って読んでみることもあるかと思います。

この『老子』という書物は、中国の春秋時代、大体二千数百年ぐらい前の人とされている老聃（ろうたん）が書いたものです。今、その『老子』をわれわれが読んでみたいと思いますと、私どもの東洋文化研究所に以前おられた蜂屋邦夫先生が、ごく最近（二〇〇八年）岩波文庫から『老子』の訳注をお出しになりましたが、われわれは、この文庫本のような形で『老子』という書物を手に取って見ることができるわけです。

この蜂屋先生の『老子』を見てみますと、『老子』の現代語訳があり、訓読文があり、原文があり、訳注があるわけですが、この原文の部分は、大昔に書かれたとされているものです。もちろん、『老子』の研究によれば、現在見られる『老子』の本文も、二千数百年前に老子という人が一人で全部書いたものではなく、後の時代のものが加わったりしていることもあるようですが、それにしても、『老子』という書物が大昔にあったことは間違いないので、それがずっと伝わって、今われわれがこういう形で見ることができるわけです。

今日はこの『老子』という書物を例にして、この書物がどういう旅をしてきたのか、どういう形で今まで伝わってきたのかということを考えてみたいと思います。中国の人々は長い歴史を通じて、『老子』という書物を読んできました。今から時代を逆にさかのぼって考えますと、現在でも中国で刊行されている

『老子』のテキストはたくさんありますし、清代に出版された『老子』の版本はたくさんあります。それから、先ほども紹介したこの実物、これは四〇〇年ぐらい前の明末の版本です。さらに明初の版、元版、あるいは宋版の『老子』を、現在も見ることができます。

さらにさかのぼって、実際の年代ははっきりしないのですが、仮に唐代ぐらいとすれば、甘粛省の砂漠の中のオアシス都市である敦煌（とんこう）から、百年ぐらい前に突然発見された敦煌文献というものがあります。その敦煌から出てきた文献の中にも『老子』があります。ただ、今から時間をさかのぼって古い時代のテキストを探していくと、本の実物として見ることができるものは、大体唐代ぐらいで途切れてしまう。それより前のものは見ることができないわけです。ところが最近になって、考古学的な発掘が進み、とてつもなく古い時代の『老子』のテキストが見られるようになりました。

郭店楚簡『老子』

湖北省の荊門（けいもん）市の郭店（かくてん）というところにあるお墓から、郭店楚簡といわれる文献が出土したのです。戦国時代の楚の国のもので、大体二〇〇〇年以上前のものです。そのなかに『老子』があったのです。この時代の中国の書物は、竹簡・木簡といって、竹もしくは木の長い札の一本一本に文字を書いて、それだけではばらばらになってしまいますので、順番に並べてひもで綴じた形のものだったのです。今でも本を一冊、二冊と数えます。「冊」という漢字をよく見ていただきたいのですが、これはまさに竹簡や木簡を並べて、

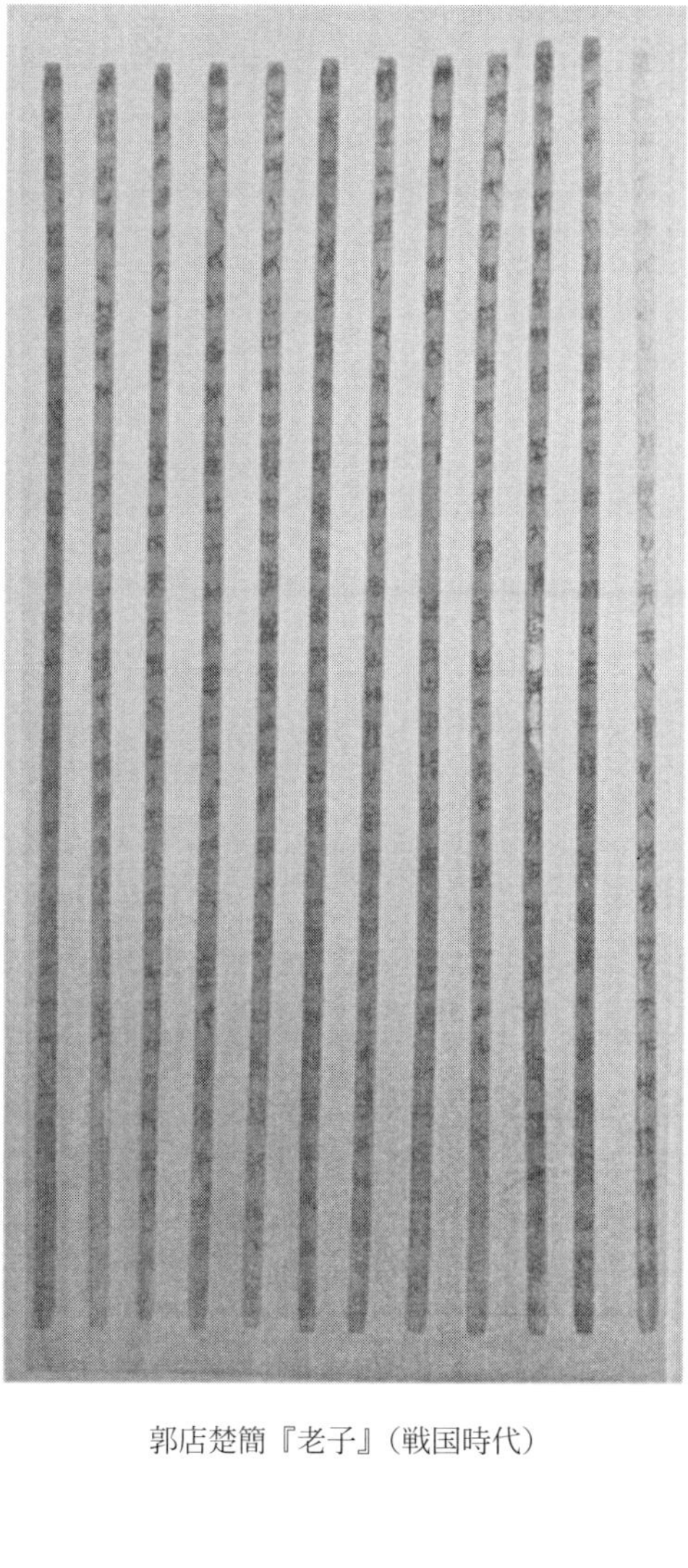

郭店楚簡『老子』（戦国時代）

そこに横一本ひもで綴じた形です。つまり、竹簡・木簡をひもで綴じた一くくりが「冊」だったわけです。

それから、大きなまとまりのある本、○○全集といったものの一冊を今でも「巻」といっています。第一巻、第二巻と。なぜ巻というのか。竹簡・木簡は、巻きずしを作るときの「巻きす」のような形のものだとお考えいただければよいと思います。竹や木の札をひもで綴じたものです。そして、読まないときには巻いてしまっておき、読むときにひろげて読んだのです。その一巻が、いわば書物の中の一区切りになっていたわけです。例えば『史記』という書物があります。司馬遷の『史記』は一三〇巻、一三〇の章に分かれているわけですが、司馬遷が最初に『史記』を書いた時代には、まだ紙というものがありませんでした。司馬遷は竹・木簡に書いていったわけです。それがおそらく一三〇巻あったのだと思うのです。書くだけでも大変だったと思いますし、持ち運ぶといったらもっと大変だったと想像されます。

「韋編三絶（いへんさんぜつ）」という言葉があります。これは『史記』の孔子世家の中に出てくる言葉で、孔子が晩年に『易』（『易経』）という書物を好んで読まれたという話のところで出てくる言葉です。今では「韋編三絶」といえば、本がぼろぼろになるまで何度も繰り返し読むという意味で使っていますが、この「韋」という字は革（かわ）という意味、それから「編」という字は何かを編む「ひも」のことです。ですから「韋編」とは、革のひものことで、これはまさしく先ほど申しました竹簡・木簡を綴じている革のひものことです。孔子は『易』を一所懸命読まれた。この当時、本を読むためには、巻いてある書物をひろげる。読み終わったら、また巻いてしまうということを何回もやっていきます。そうすると、綴じていたひもが、だんだん傷んで切れてしまう。「三絶」の「絶」は切れてしまうということです。それが一回切れ、綴じ直して、また読んで、二本目もまた切れて……、「三」というのはおそらくいっぱいという意味ですが、もう何回も切れた。孔子は、それほど『易』という書物を何度も繰り返し読まれたという話です。「韋編三絶」という言葉を本当に理解するためには、この時代の書物が札をひもで綴じた竹簡・木簡の形であったことを知っている必要があるわけです。

「大器晩成」

大昔の『老子』は、もちろん竹・木簡の形であったはずですが、まさしく竹簡の『老子』がお墓から出てきたわけです。今この郭店楚簡の『老子』を見てみると、「大器晩成」といった言葉もちゃんと見ることができるのです。ところが、郭店楚簡の『老子』には、今見られる『老子』とはいろいろなところで文字の違いがあるのです。

例えばこの「大器晩成」です。二千何百年前のお墓から出てきた『老子』に、たしかに今われわれが使っている「大器晩成」という言葉がちゃんと出てきます。ところが、郭店楚簡には「大器曼城」とあるのです。「城」と「成」は恐らく同じ音でそうなったのだと思いますが、「曼」という字は、昔の文字としては、どうやら「無」の意味だったらしいのです。「無成」は、完成しないこと。われわれは今「大器晩成」というと、普通、大成する人はあまり若いうちには成功せず、年を取ってから時間をかけて大成するという意味で考えています。しかし、この時代の「大器曼城」はそうではなくて、大器というものは成らな

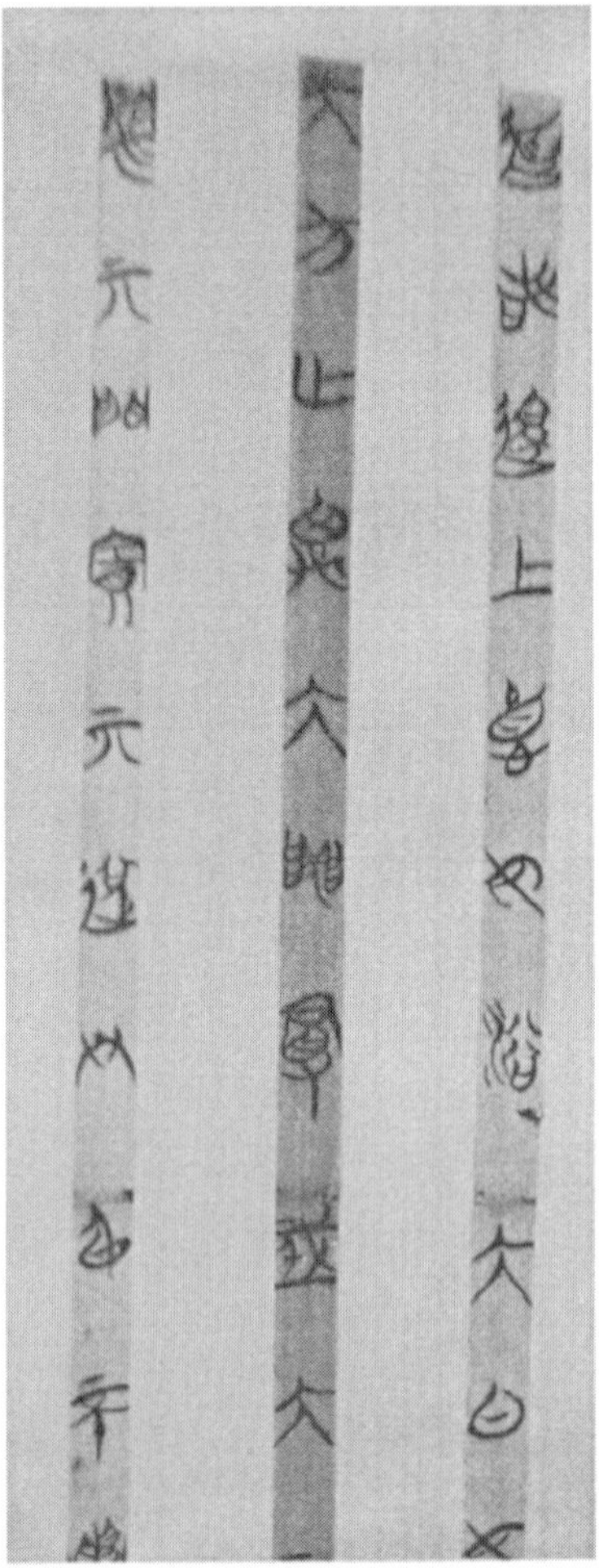

郭店楚簡『老子』
「大器晩（曼）成（城）」

いのだ、完成しないからこそ大器なのだという意味のようなのです。

『老子』の本文の前後を見てみますと、実はこの部分、「大方は隅なく、大器は晩成す」とあり、それから「大音は希声」と、三つ並んでいます。「大音は希声」というのは、本当に偉大な音は音がまれだ、めったに音がしないのだということです。ですから、論理的に言うならば、大器が遅く完成するというよりも、完成しないから大器なのだという意味の方が文脈に合うのかもしれません。おそらくいつの時代からか、「曼」の字のところに「晩」という字が書かれるようになり、そこから意味が変わってしまったのだと思います。

「大器晩成」という言葉は私たちに大変勇気を与えてくれる言葉でして、今は駄目だけれども、そのうち成るだろうと希望が持てるわけです。しかし、それでもいつか本当に完成しないと駄目なわけですが、大器は成らないということですと、もっといい言葉になりますね。つまり、自分が成功しないのは大器だからこそなのだ、ということになって（笑）。いやいや、永遠に完成しない目標に向かって努力し続けなければならないことにもなるので、こちらの方が厳しいともいえますが。とにかく文字の違い、あるいは意味の違いはありますが、今われわれが普通に使っている「大器晩成」という言葉が、この二〇〇〇年前の郭店楚簡『老子』に見られるわけです。

馬王堆帛書『老子』

大体昔の書物は竹・木簡だったのですが、湖南省の馬王堆（まおうたい）というところから、もう少し時代が下って漢の時代の帛書（はくしょ）の『老子』が出てきました。馬王堆はご存じの方もおられるかと思いますが、ある高貴な婦人のお墓が発掘され、その女性の遺体が出てきたのです。二〇〇〇年も前の人なのですが、まるで生きているかのような遺体が出てきたことで、かなりニュースにもなりました。私も長沙の湖南省博物館に行って見てまいりました。その馬王堆のお墓に副葬されたものの中に書物がありました。「馬王堆帛書」といわれるものです。帛書の「帛」は絹のことです。当時の書物は、ごく普通には竹簡や木簡、これは竹が採れる地域、木が採れる地域がありますから、竹簡か木簡かは地域的に分かれるようですが、とにかく竹簡・

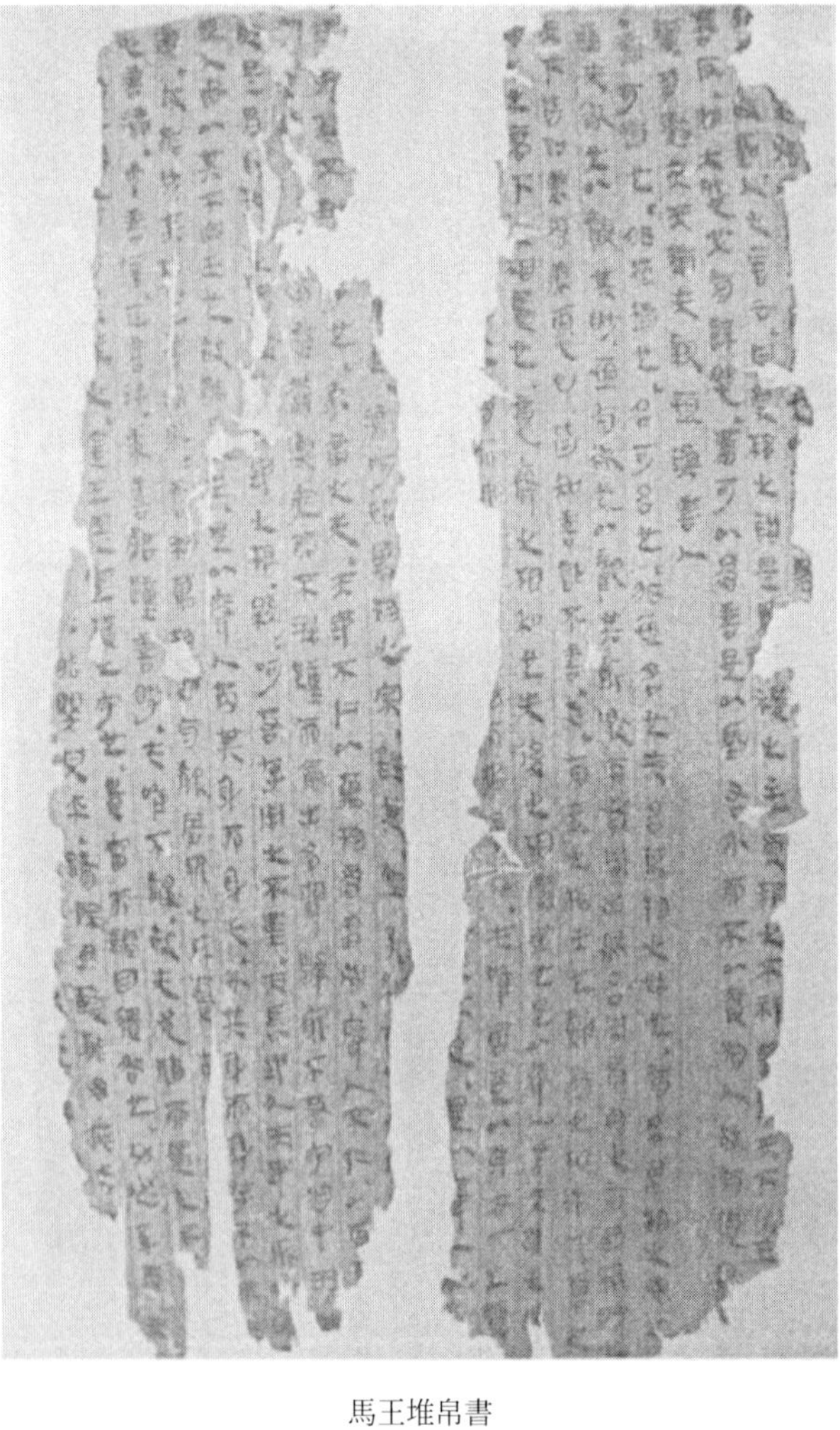

馬王堆帛書

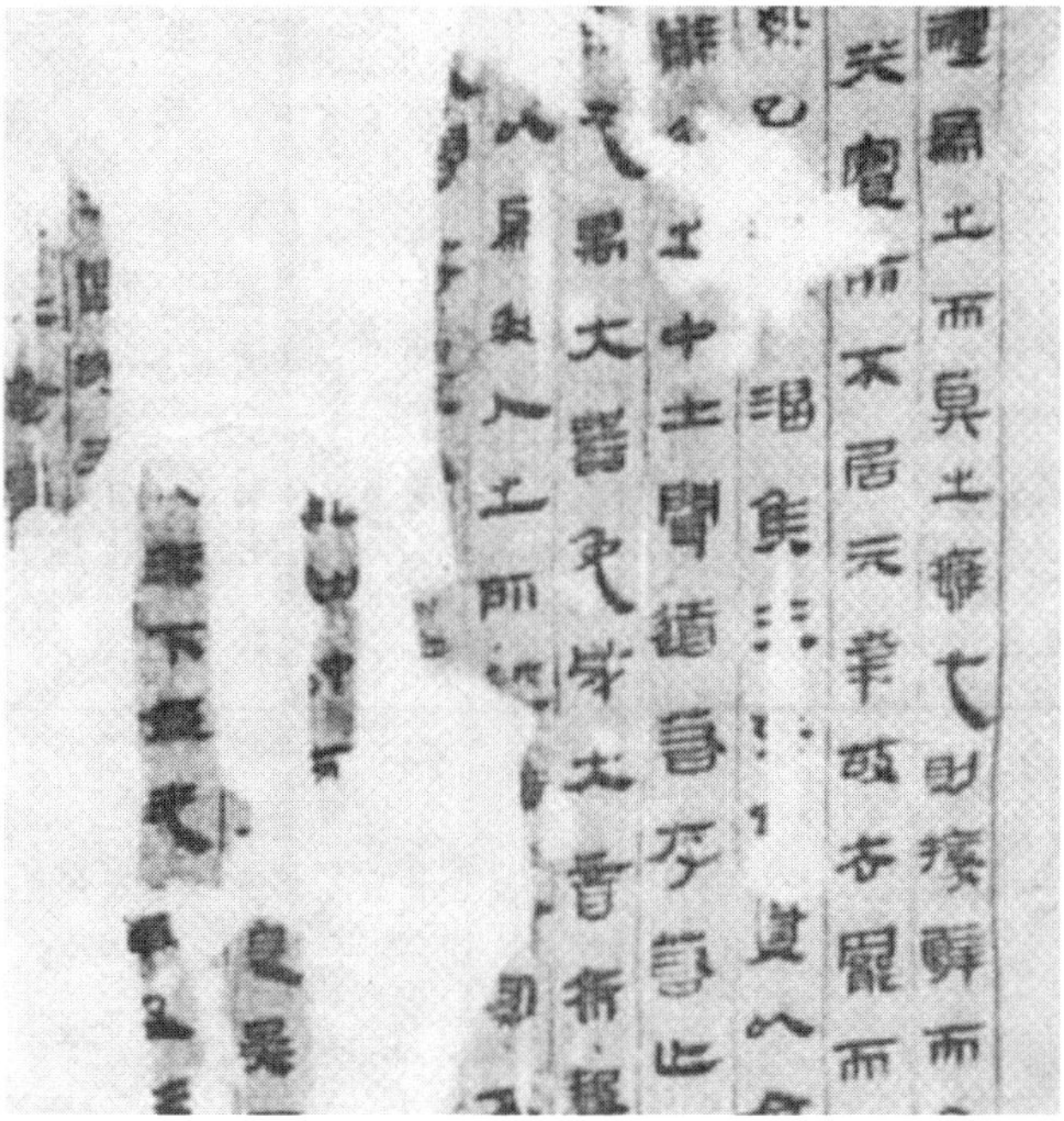

馬王堆帛書『老子（乙本）』「大器晩（免）成」

木簡が書物の一番普通の形であったと思います。そのほかに、このように絹に文字が書かれた書物がありました。考えてみれば、竹簡・木簡などと比べると絹の方が軽いですし、折り畳みはできますし、明らかに便利なのだろうと思います。ところが、絹は大変な高級品ですので、世の中の人全員が絹に書かれた書物を持っていて読むということは、できませんでした。ですから、竹簡・木簡が標準の書物であって、帛書は、この高貴な婦人のお墓から出てきたように、かなりの高級品だったのだろうと思います。

この馬王堆帛書の『老子』の中にも、この場合は「免成」になっていて、多分「日」が落ちたのだろうと思いますが、「大器晩成」に当たる文字が出てきます。

石刻の『老子』

それから、ちょっと時代は前後してしまいますが、竹簡・木簡、帛書があるほかに、石に文字を刻んだものも、一種の書物ではあります。『老子』に関しては、唐の時代、七〇八年という年代がある、『老子』の本文全部を石に刻んだものが残っています。昔から、儒教の経典など、特に大事な経典の本文には、何らかの標準が必要でした。竹簡・木簡に書く、あるいは後に紙に書きますと、どうしても書き間違いが避けられず、文字が違ってきてしまうわけです。特に儒教の経典を出題範囲とする科挙の試験が行われるようになりますと、基準となる本文が定まっていなければ、たいへん困ったことになります。そこで、経典の本文を石に刻んで、これこそが正しい本文だという基準にしたわけです。これも、普通の本とはイメージが違いますが、一種の書物であったことはたしかです。

『漢書』藝文志

『老子』という書物が経てきた旅路。少し時代が戻りますが、後漢の初めごろに、班固という人が『漢書』という、『史記』に続く歴史書を書きました。その中に、現在見ることができる最も古い図書目録、

『漢書』藝文志があります。これは前漢の終わり、後漢の初めのころに宮中の図書館にあったであろう書物の目録です。それを見ますと、これにももちろんきちんと『老子』という書物が次のように記録されています。

老子鄰氏経伝四篇　姓李、名耳、鄰氏伝其学。
老子傅氏経説三十七篇　述老子学。
老子徐氏経説六篇　字少季、臨淮人、伝老子。
劉向説老子四篇

この当時の書物の実物を見ることはできないわけですが、こうした目録が現存することによって、明らかに本があったことが分かるわけです。

紙の発明と書物

これまでのお話を、簡単に年表風にまとめてみますと、次のようになります。

戦国時代　　　郭店楚簡

前漢	馬王堆帛書
後漢	（『漢書』藝文志）
魏晋南北朝	
隋唐	敦煌写本
宋	宋刊本
元	元刊本
明	明刊本
清	清刊本

戦国時代に関しては郭店楚簡がある、前漢のころに馬王堆帛書がある、後漢の初めごろに『漢書』藝文志があるというわけですが、その後、大体後漢から魏晋南北朝ぐらいにかけて、もちろん当時の人々は『老子』を読んでいましたし、『老子』の注釈書なども書かれていたのですが、現在この時代の書物の実物は残っていません。あるのは、唐代のものかと思われる敦煌写本です。この馬王堆帛書から敦煌の写本に至る間に、書物の形態についての大変化が起こっています。

それは紙が発明され、紙が書写の材料として使われるようになったことです。もとは竹・木簡の書物であったものが、紙の本に変わりました。破れてしまうという問題はあるにはありますが、紙は軽く、折り曲げることもでき、そして安い。竹・木簡よりはるかに便利な材料で、それが使われるようになりました。

ただ、ここのところがいつも非常に面白いと思うのですが、紙が発明されて、作られるようになった最初のころの書物は、いわゆる巻物、「巻子本（かんすぼん）」の形だったのです。つまり、一枚一枚の紙を横に長く張り合わせて、軸に巻いておく形態の本を作ったわけです。これはつまりは、竹簡・木簡の書物を紙という材料で作ったということです。中国における書物の歴史において、竹簡・木簡の時代が非常に長かったので、書物というのは巻いてあるもので、ひろげて読むものだというイメージが非常に強く、当時の人々には、これ以外の書物の形態を考えられなかったのではないかと思います。今にして思えば、紙はもともと一枚一枚のものなので、重ねて片一方を綴じれば簡単に冊子体の本の形になるわけです。しかし、なかなかそうはならなかった。綴じる本があらわれるまでに千年ぐらいの時間がかかっています。後漢ぐらいから魏晋南北朝、隋唐、日本から遣唐使が中国に行ったころの書物はみんなこの巻子本の形です。冊子体の本はありません。

印刷術の発明

紙の発明の後にもう一つ起こった書物の大変化、それが印刷術の発明です。唐の終わりから宋代くらいに、書物の印刷が本格的に普及します。逆に考えますと、それ以前は、書物というのはすべて手書きの鈔本（写本）だったということになります。唐代以前の書物は、竹簡や木簡も、帛書も、巻子本も、全部人が一字一字手で書いていたわけです。

敦煌写本『老子（道）徳経』
大英博物館　スタイン6453

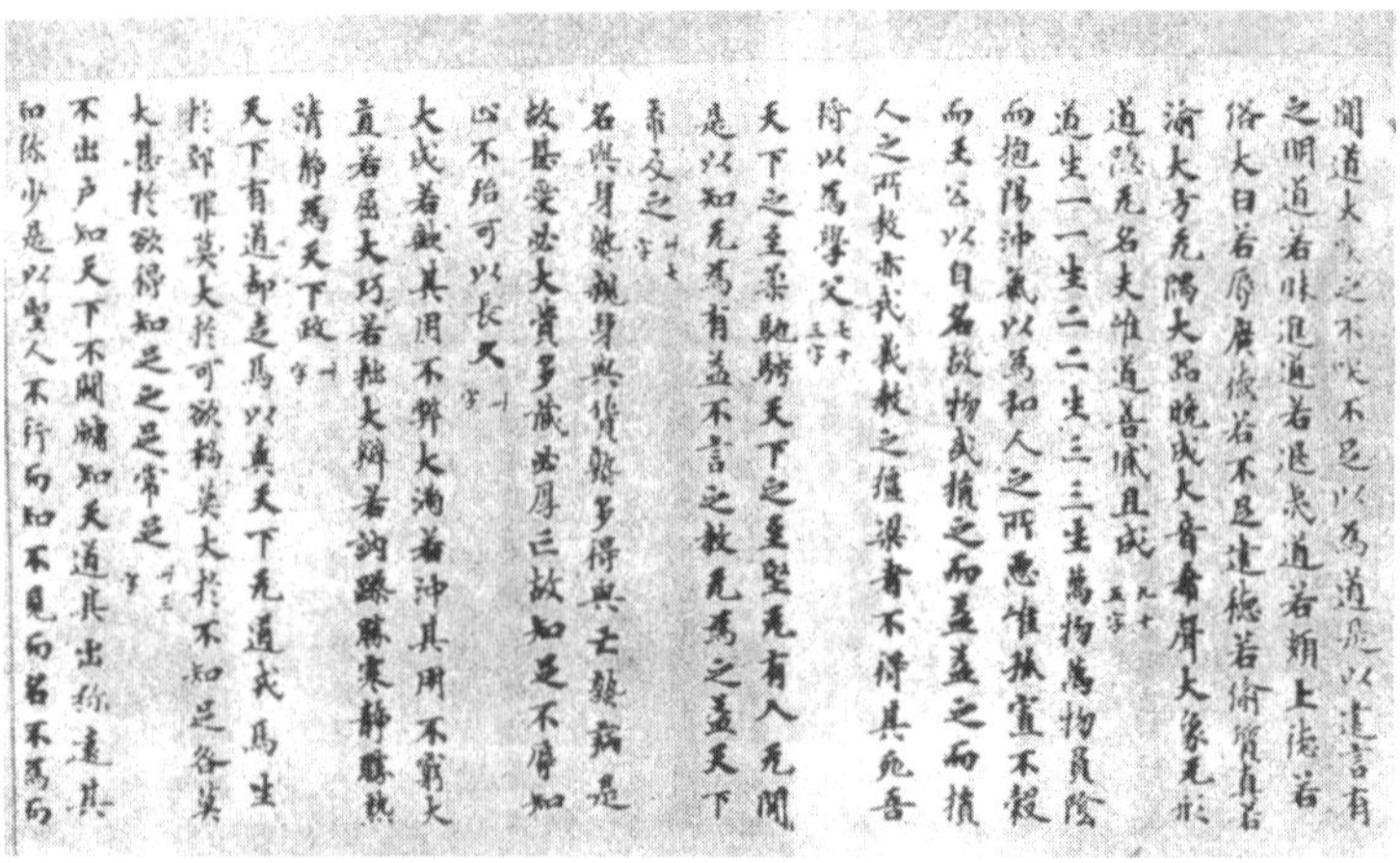

敦煌写本『老子（道）徳経』

順番は前後しますが、敦煌から出てきた本の中で、大英図書館のスタイン六四五三という番号をつけられている『老子』があります。これは巻子本で、全部筆で手書きをしてあるものです。なお、「大器晩成」は、この敦煌写本の中では完全に、今われわれが言う「大器晩成」になっています。

この写本時代、巻子本時代が長く続いた後、唐代の末、宋代ぐらいから印刷本の時代になってきます。ここでいう印刷とは、いわゆる木版印刷のことです。年賀状などを版画で作りますが、あの版画の原理です。板の上に文字を裏返しに彫っていって、そこに墨を付け、紙をのせて、バレンでこすると、同じものが何枚でも印刷できるという原理です。手書きの写本ですと、まったく同じものはただ一つしかあり得なかったのに対して、印刷の利点は、とにかく同じものが幾つもできるという点にあります。これは書物の普及に革命をもたらしました。

この印刷が始まった宋の時代に、版式、つまり印刷面のスタイル、フォーマットが決まってきます。文字の書かれる部分の四周は、匡郭（きょうかく）とか辺欄（へんらん）と呼ばれる線で囲われている。そしてその真ん中に、版心（はんしん）という部分があり、版心には魚尾（ぎょび）といって、魚のしっぽのような形をしていて、ページを正しく真ん中で折るときの見当になる。このようなスタイルが定着します。その後、中国の漢籍の世界では、こういう版式がずっと元、明、清と続いていきます。ちなみに、この形はわれわれにもおなじみのものだと思います。最近は使わなくなってしまったかもしれませんが、原稿用紙です。原稿用紙がなぜこんな形をしているのか、それは漢籍の伝統を受け継いでいるからなのです。

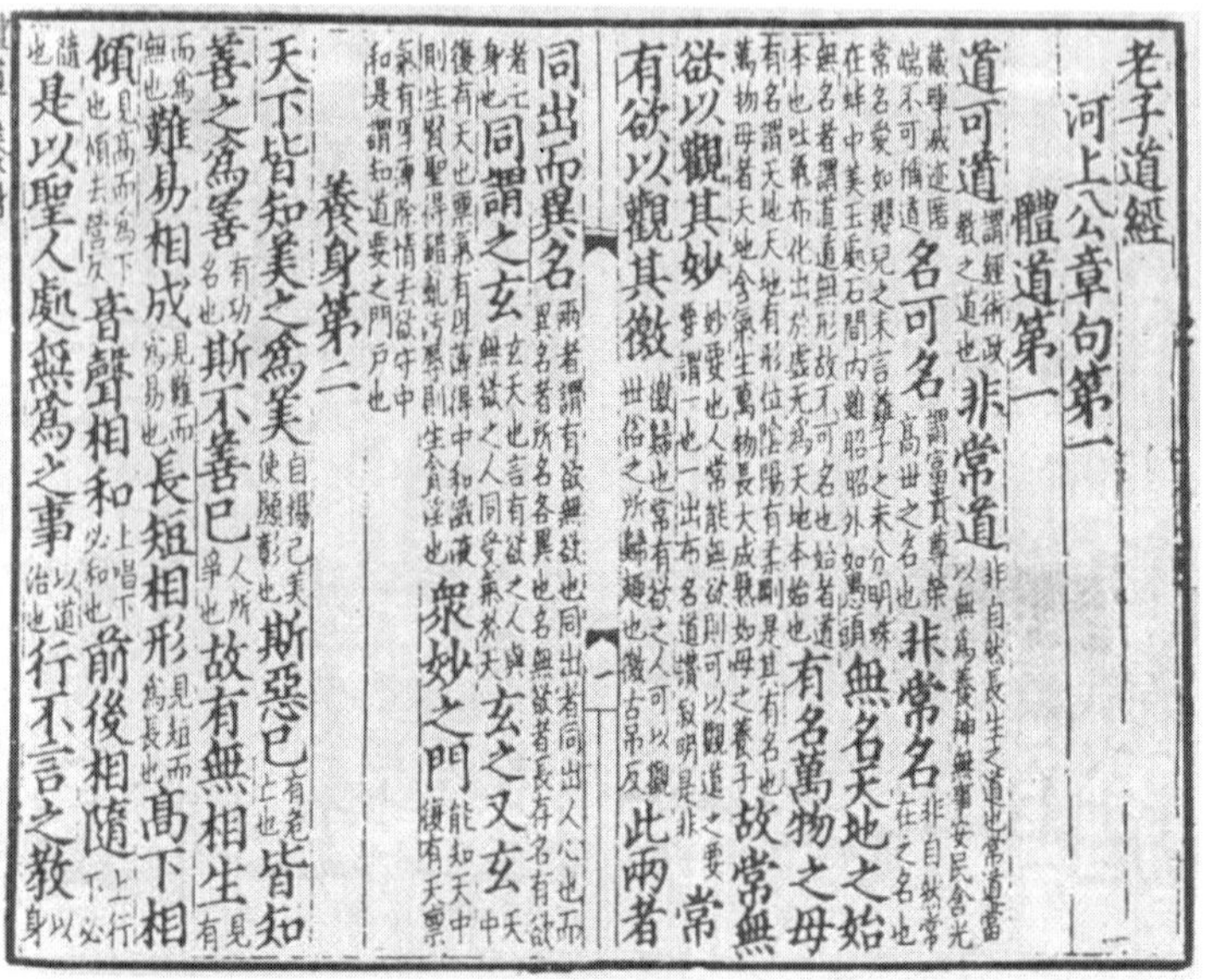

老子道經
河上公章句第一
體道第一
道可道　非常道　名可名　非常名　無名天地之始　有名萬物之母　故常無欲以觀其妙　常有欲以觀其徼　此兩者同出而異名　同謂之玄　玄之又玄　衆妙之門
養身第二
天下皆知美之爲美　斯惡已　皆知善之爲善　斯不善已　故有無相生　難易相成　長短相形　高下相傾　音聲相和　前後相隨　是以聖人處無爲之事　行不言之教
體道　養身

宋版『老子道徳経』

さまざまな『老子』の版本

『老子』について、これは南宋ごろのものですが、宋版の『老子』が今でも残っています。ただ、宋版はいまとなっては大変貴重なもので、宋版『老子』は東文研にはありません。これは「四部叢刊」という複製本から取ったものです。

明版になりますと、東洋文化研究所に呉勉学という人が刊行した本があります。宋の時代には印刷された書物もまだ貴重品であったわけですが、明代になりますと、書物はさらに広く普及してきます。

実は私自身、明代の終わりごろの出版に興味を持って研究しています。宋代に書物が印刷されて出たことは確かですが、明代にはより多くの本が出るようになりました。本日も、宋版は持ってくることはできないのですが、明末の刊本はこうして目の前に持ってくることができる。それだけ数があるということです。

『老子』のいろいろ

中国の書物の歴史では、この木版印刷が中心になりますが、「活字本」というのもあります。これは、木や金属で作られた漢字一字一字の活字を並べて印刷したものです。ただ、木活字本といっても、見た目、版式を見ていただくと、実は先ほど見た木版と全く同じです。ちゃんと四周に匡郭があって、版心があります。つまり、活字印刷といっても、中国の昔の活字印刷は、要するに活字を使って木版と同じようなものを作るというものだったのです。

もう一つは、先ほど申しました和刻本です。例えばこれなどは日本で印刷された『老子』、和刻本です。

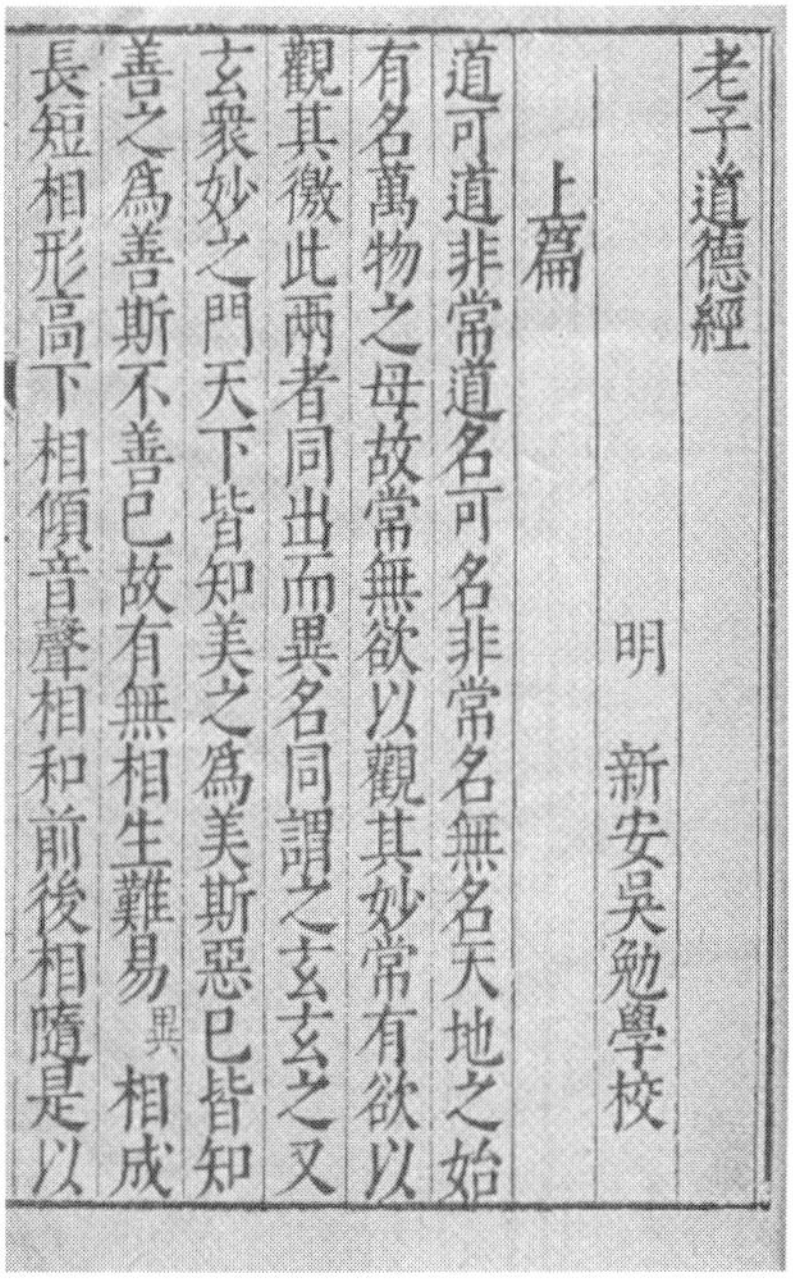
老子道德經
明　新安吳勉學校
上篇
道可道非常道名可名非常名無名天地之始有名萬物之母故常無欲以觀其妙常有欲以觀其徼此兩者同出而異名同謂之玄玄之又玄衆妙之門天下皆知美之爲美斯惡已皆知善之爲善斯不善已故有無相生難易異相成長短相形高下相傾音聲相和前後相隨是以

明版『老子道徳経』
（呉勉学刊本）

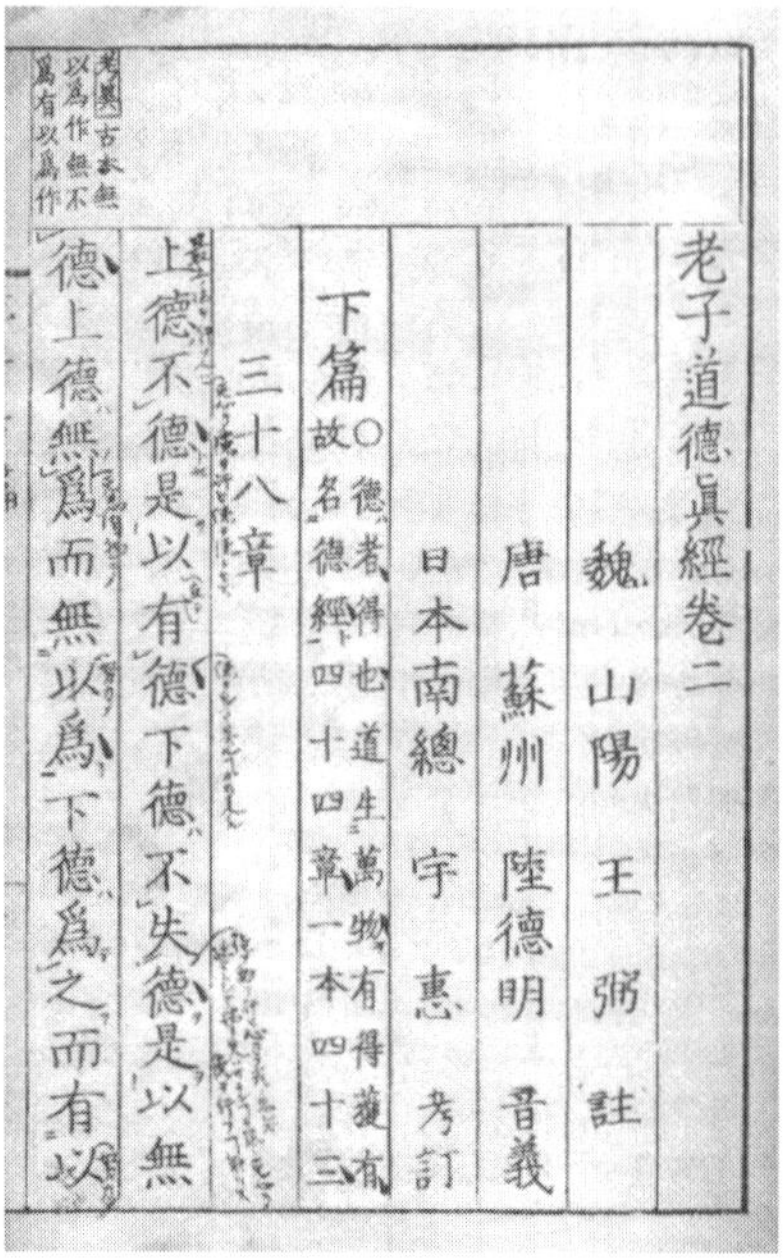
老子道德眞經卷二
魏　山陽　王弼　註
唐　蘇州　陸德明　音義
日本南總　宇惠　考訂
下篇○德者得也道生萬物有得有獲故名德經四十四章一本四十三
三十八章
上德不德是以有德下德不失德是以無
德上德無爲而無以爲下德爲之而有以
老異古本無以爲作無不爲有以爲作

和刻本

よく見ていただくと、本文に返り点や送り仮名などが付けてあります。ただ、あくまでも本文自体は全く『老子』の本文なので、これは漢籍にあたるわけです。

これは王弼という人が注を付けた『老子』です。京都に行ったときに古本屋さんで買ったのですが、一冊百円でした。店先にごちゃごちゃ積んであったものの中にあったのを見つけてきたのです。今百円だと自動販売機でコーヒー一つ買えない時代ですが、これは一冊百円でした。江戸時代の明和七年（一七七〇）のものです。何とも複雑な気持ちになりました。

それから、これは「排印本（はいいんぼん）」と呼ばれるものです。これも中身は『老子』です。これは近代になって、ヨーロッパ式の鉛の活字を組んで印刷されたものです。「排」というのは並べるという意味で、つまり活字を並べて印刷した本ということです。現代的な本ですが、中身は間違いなく『老子』なわけですから、これも漢籍の仲間に入るわけです。

竹簡・木簡、帛書から始まって、巻子本、木版本、あるいは木活字本、排印本といった具合に、『老子』

一つを取っても、さまざまな形態の書物によって、その内容が今日まで伝えられてきたことがおわかりいただけたかと思います。さらに、今の時代ですと電子テキストもあります。デジタル化された『老子』のテキスト、それも文字そのものは『老子』なわけですから、コンピューター上でその文字を読めば、『老子』を読んでいることになるわけです。

という具合に、書物の形はさまざまながら、また長い伝承の間に、若干の文字を変えながら、しかしとにかく一つの書物としては変わらずに、二〇〇〇年以上伝えられてきたということは確かです。二〇〇〇年以上も前に成立した『老子』という一つの書物が、このような形で今日まで伝えられてきたこと、現在ほぼそのままに読むことができるのは、誠に驚くべきことだろうと思います。私たちは漢籍に向き合う時に、何百年、何千年前のものを今見られるのだという新鮮な驚きを忘れないようにしたい。そして、それ故に、その書物を大切にしなければならないのだと思います。

最後は若干駆け足になってしまいましたが、漢籍の歴史について、「伝える」ということをキーワードにしてお話しさせていただきました。ご清聴ありがとうございました（拍手）。

質疑応答

（質問者）最後のスライドの「排印本」というのはどういう意味ですか。

（大木）　近代的な活字を使った印刷、鉛の活字を使った印刷を、中国語で「排印本」といっています。「排」というのは並べるという意味で、つまり活字を並べて印刷した本ということです。「排印本」というのは、先ほど申しました、いわゆる古い木活字本などと区別するためにそのように言っているわけです。要するに近代的な印刷の方法で作られた本が排印本だとお考えいただければいいのではないかと思います。

（司会）　では、先生ありがとうございました。

漢籍を読む――遊歩的読書のすすめ

齋藤希史

ただ今ご紹介にあずかりました齋藤です。どうぞよろしくお願いいたします。本日、私がお話しいたしますのは、この後の平勢先生や大木先生のお話が漢籍を読むために具体的に役に立つ技術や知識であるのに対して、すぐに何かの役に立つという話ではありません。こうすれば漢籍が読める、ということではなく、漢籍の読みかたについて、狭い私の経験の中から、こういう漢籍の読みかたもあるのではないか、こんなふうに漢籍を読んでみるのもおもしろいのではないか、というお話ができればと思っています。とりわけ、たとえば中国哲学や中国文学、あるいは中国史などの専門家になろうというのではなく、日常の暮らしの中で、さまざまな読書のうちで、漢籍を読むことで豊かな時間を味わいたいと考えていらっしゃる方、あるいはお仕事の中で漢籍に触れる機会はあるけれども、それをどのように読んでいけばもう少し面白くなるだろうかと思っておられる方に向けて、漢籍というと漢字ばかりで取っつきにくい印象があり

ますが、ちょっとその辺を解きほぐすようなお話ができればと思ってお引き受けした次第です。

優雅な読書

最初に「晴耕雨読」ということばについて少し考えてみたいと思います。と言いますのは、私が今申し上げたような「人生を豊かにする読書」と言うと、この「晴耕雨読」ということばがぱっと浮かぶのではないかと思うからです。

この晴耕雨読ということばは、一般には退職後の暮らし、定年のときに「これからは晴耕雨読の生活を楽しみたい」というようなご挨拶に使われているのではないでしょうか。つい最近も退職された同僚の教授の先生がそのようにおっしゃっていました。定年や退職とはかかわりがなくても、気ままな生活、気ままな暮らしというようなものを含意していたり、あるいは自給自足ということで、実際にそれが自給自足かどうかはわかりませんが、ちょっとした菜園か何かを営んで、特にそれで商売をするというわけではなく、つまり出荷をして生活の足しにするとか、それで生活を支えるということではなくて、あくまで楽しみとしてという感じでしょうか、自給自足的な感じで農作業をする。そして、当然それは半分楽しみなわけですから、天気に左右されてももちろん構わないのだと。晴れの日は耕して、雨の日は読書という気ままな暮らし、豊かではないが貧しくもない暮らし。大体の雰囲気としては、皆さんそのようなイメージを持たれるのではないかと思うわけです。

実際に辞書を引いてみても、例えば小学館の『日本国語大辞典』ですと、「晴れた日には外に出て田畑を耕し、雨の日には家にこもって読書をすること。悠々自適の境遇をいう」と書いてあります。いつだったか、元首相の細川護熙さんが政界を退いてからは悠々自適の境地で、陶芸か何かをされながら自分は晴耕雨読という言葉が大好きだというような談話をグラビアで読んで、いかにもだなと思いましたが、それが一般には晴耕雨読のイメージではないかと思います。

しかし、これが本当にそうかというと、いささか考えるところもあるわけです。と言いますのは、このことばをいわゆる漢和辞典のたぐい、『大漢和辞典』で引いてみても、「晴れた日は出て耕し、雨が降れば入って書を読む」とあるだけで、出典が書いてないのです。そう言えば、『日本国語大辞典』でも、出典は昭和以降のものでした。そして、中国で出ている最も大きな辞書である『漢語大詞典』では、そもそもこのことばは掲載されていません。最近は漢籍もデジタル化が進んでいて、前近代の主要な漢籍を網羅した中国最大の叢書である『四庫全書』なども検索することができるのですが、そのデータベースを引いてみても、この晴耕雨読ということばは出てこないのです。

この話は以前から私が何回かいろいろなところでしゃべったり書いたりしておりますので、またかと思われる方もひょっとしたらいらっしゃるかもしれませんが、優雅な生活としての晴耕雨読ということばが広く使われ出すのは、どうやら幕末以降の日本においてであるように思われます。そんな中で、まさしく晴耕雨読のイメージそのままの詩として比較的早いのが、次の詩です。まず原詩だけ、お示しします。

己亥六月結廬於城南古亭荘。名曰南菜園。偶作一絶。　　藤園居士

古亭荘外結茅廬　畢竟情疎景亦疎

雨読晴耕如野客　三畦蔬菜一牀書

藤園居士とは誰かと言うと、児玉源太郎です。この詩を書いた時は台湾総督でした。確か一八五二年生まれですから、明治天皇と同年の生まれということになりましょうか、長州出身、明治の武人です。その児玉総督が、台北市の南側に古亭荘という場所がありまして、そこに廬(いおり)を結んで、こんな詩を書いたわけです。「古亭荘外　茅廬を結ぶ。畢竟　情疎なれば景もまた疎なり。雨読晴耕　野客の如し。三畦の蔬菜一牀の書」。平仄の関係で「晴耕雨読」ではなく、「雨読晴耕」となっています。

平仄の関係というのは、詩の決まりごとで、こういった七言絶句では、二字めと四字めは平仄を交替して、二字めと六字めは平仄を同じにしないといけないのです。つまり、偶数字だけ見ると、平仄平か仄平仄の順番になります。また、偶数句と奇数句では、この平仄の順番が逆転していないといけません。この詩の後半の場合、「読」「耕」「野」と「畦」「菜」「牀」ということになりますが、これがちょうど仄平仄と平仄平の関係になってます。もし「晴耕雨読」にすると決まりごとに合わなくなるので、入れ替えたというわけです。こういうことはよくあります。

それはともかく、最後の句は、ちょっとした菜園で育てる野菜、それから、書棚一つぶんの書物ということでしょうか。まさに晴耕雨読のイメージですね。

「己亥六月」と書いてありますが、これは明治三十二年、西暦で一八九九年です。明治三十二年六月十七日付の『台湾日日新報』に掲載されました。当時の台湾では最も大きな、総督府肝いりの新聞でした。晴耕雨読ということばがここで初めて使われたわけではありませんが、明らかに私たちがイメージするようなものとしてさかんに用いられるのは、明治時代です。さかのぼれるとしても、どうやら近世の、江戸時代の後期ごろまでではないかというのが、私の今のところの考えです。

この詩については、大した詩ではないとおっしゃる方も多分おられると思いますし、実際さらっと書いたようなものですが、注意したいのは、児玉源太郎はもちろんこのとき総督ですから、ここはあくまで別荘で、総督としての仕事から離れた空間をこの別荘に見いだしていて、それが晴耕雨読として表現されていることです。たとえば二句めは、結局のところ俗世から気持ちが離れていれば、この景色もまた俗世から離れたようなものになるのだということで「景また疎」ということでしょうけれども、あるいはこの「疎」には、自らの暮らしぶりが豊かなものではないというような含意もあるかと思います。いわば最高権力者である総督としての児玉源太郎が、隠者的な姿を垣間見せているということになるわけです。「藤園居士」というのは児玉源太郎の号ですが、「居士」とは官職に就いていない人のことですから、総督が居士を名乗るというのはなかなかもって象徴的で、いわばそういう隠者のふりをして見せることが、当時の統治者にとっては大事だったのですね。東アジアの政治家の伝統とも言えます。

勤勉な読書

さて、児玉総督の詩は私たちのイメージそのままの晴耕雨読だったわけですが、次の資料を見てください、これはちょっと様子が違います。

晴耕雨読堂記　兵庫県下播磨国揖西郡龍野町　遊焉矢野塾生徒　堀野精也　満十三年

余営一堂于鷺山之下、己卯春落成。乞命於某先生、先生命以晴耕雨読四字。余奉其意、晴則出耕、雨則入読、未嘗一日怠弛。稲雲穣々、蔬菜青々、家給用足。読書万巻、智識日拡、文章月積。其楽不可云。皆先生之賜也。欣然把筆作其記云。

「晴耕雨読堂記」と題されて、「兵庫県下播磨国揖西郡龍野町　遊焉矢野塾生徒　堀野精也　満十三年」と書いてあります。明治時代に、『穎才新誌』という当時の小学生、中学生ぐらいの年齢の子供たちが、漢文や和歌なども含めてさまざまな作文を投稿する雑誌がありました。これはたいへん売れたといいますか、流布したもので、山田美妙や尾崎紅葉、田山花袋などの文学者も、少年のころはこの雑誌への投稿によって腕を磨いたのです。その『穎才新誌』の明治十三年一月七日号に、この「晴耕雨読堂記」は掲載されました。

大意を申し上げますと、「私は堂を鷺山の下」、鷺山と書いてありますが、これは龍野には白鷺山という山があって、いまは公園になっていますが、そこです。「鷺山の下に堂を営んでいる。己卯の春に」、明治でいうと十二年ですが、その年に「完成した」と。「ある先生に、この堂に名前を付けてくれとお願いした。そうすると、晴耕雨読という名前を付けてくれた。私はその意を奉じて」、その次に書いてあるのはこういうことですね。「晴れているときは耕し、雨になれば家の中で読書をする」と。その次がおもしろいですね。「いまだかつて、それを一日たりとも怠ったことはない」というわけです。怠ったことはないというと、悠々自適とはまったく違うわけです。

その結果どうなったかといいますと、田に広がる稲は雲のように実るわけです。それから、野菜も青々と茂っているというか、生えて育っている。これで食料は足りるということになるわけです。さらに、雨の日に読書することで、「万巻の書を読んで、知識が日々拡大す」、そして、文章も毎月積み上がっていくということで、たいへんうらやましい述懐ですね（笑）。

つまり、この「晴耕雨読」ということばは、明らかに一生懸命勉強する、刻苦勉励する、働きながら勉強するという意味で使われているのです。ですから、先生が満十三歳の生徒に向かって、「晴耕雨読」というものを一つの教訓として与えているということになります。

実は、台湾では客家の人たちの集落の中に「晴耕雨読」という額が掲げてあるそうで、これはやはり勉強と勤労を一生懸命やりなさいという意味だと聞いています。考えてみれば、こういった勤勉な読書というのもまた、東アジアの伝統的な文化です。「晴耕雨読」に似た言葉として、「昼耕夜誦」という言い方があります。「誦」は読誦の「誦」で、やはり本を唱え上げて読むことですから、勉強のことです。昼間は農作業をして働いて、夜は一生懸命勉強するということですから、堀野少年の「晴耕雨読」と実は近いことばです。

それから、「読書三余」あるいは「董遇三余」ということばもあります。資料をごらんください。

魏略曰、（董）遇字季直、性質訥而好学。……采稆負販、而常挟持経書、投閑習読。……人有従学者、遇不肯教、而云必当先読百遍、言読書百遍而義自見。従学者云苦渇無日。遇言当以三餘。或問三餘之意、遇言冬者歳之餘、夜者日之餘、陰雨者時之餘也。

これは歴史書の『三国志』の注が『魏略』という書物を引いているものです。三国時代の魏の国に、董遇という人がいたのですが、この人は学問がたいへん好きであった。「稆を取って行商をして、いつも経書を持って、閑(ひま)があれば読書をしていた」。そうやって勉強して偉い人になったので、お弟子さんがついた。その門下生に向かって、董遇はあえて教えようとしなかった。弟子は取ったけれども教えなかったというわけです。そして、とにかく百回読めと。この場合の「読む」とは、声に出して唱えること、音読です。百回とにかく読めと。百回読めば、意味はおのずとわかってくる。「読書百遍義自ずからあらわる」の出典ですね。

そうすると、門下生が「それはいいけれども、時間がない」と言います。董遇は、時間がないはずはない、「三余」、三つの余りがあるではないかと返します。三つの余りとは、董遇に言わせれば、まず「冬は歳の余りである」。ですから、これはやはり農作業というか、農耕生活をベースにしています。冬は歳の余りである、夜は日の余りである、それから、雨天は時の余りであると言います。つまり、冬に勉強しろ、夜に勉強しろ、雨が降ったときに勉強しろ、そうすればいいということで、とにかく勉強しているか働いているか、どちらかになるわけですが、これが「読書三余」です。

こういった勤勉な読書も、東アジアの伝統的な文化の中では、教えとしてたいへん身近でした。「蛍の光、窓の雪」というのもまさにそうですね。つまり、伝統的な漢籍、書物を読むという中には、私たちがイメージする晴耕雨読のような、のんびりした優雅な読書というのもありますし、勤勉な読書というのもあります。日本でどうして晴耕雨読が優雅な読書の意味に転換したかについては、とても興味深いことなのですが、それはまたいずれどこか別の機会でお話しすることにいたしまして、今日は先へ進ませていただきます。ともかく読書というものには、優雅な読書、隠者ふうの読書と、勤勉な読書、立身出世のための読書があったということになります。

遊歩的読書

では、今の私たちはどのような心持ちで読書、とくに今日のお話の中では、漢籍を読むのがよいのでしょうか。もちろん専門家になるためには、「董遇三余」ではありませんが、昼も夜もとにかく勉強してもらわなければ困ると、私も大学院生にはそのように言うわけですけれども、もちろん漢籍はそうしたいわゆる専門家のためだけにあるわけではありません。かといって、退職後、ゆっくり時間ができた時の楽しみだけに取っておくのも、ちょっともったいない、もう少しふだんから読んでいただいてもいいのではないかとも思います。勤勉な読書でもなく、隠者風の、隠居してからの読書でもないということで、私は「遊歩的読書」と仮に名前を付けてみたのですが、そういった読書のあり方もあるのではないかと考えた次第で、ですから、ここから先はこの「遊歩的読書」のすすめということになりましょうか。

何が「遊歩」かといいますと、ぶらぶら歩き、ぶらぶら楽しむということですが、漢籍の世界を旅するという感じで本を読んでいくのがいいのではないかと思うのです。漢籍あるいは漢文といいますと、とにかく漢字が並んでいて、それを返り点を付けながら、あるいは句読点を付けながら、あるいは返り点に従いながら、とにかく読んでいく。ですから、漢籍を読むというと、「よし、『論語』を読んでみよう」、あるいは「『史記』を読み通してみよう」というように、ちょっと気合いを入れて読もうとする、そういうことがしばしば見受けられます。それはもちろんそれとしてよいのですが、そうなると、どうも『論語』なら『論語』だけ、あるいは『史記』なら『史記』だけ、あるいは李白なら李白だけというように、それぞれ非常にばらばらに読むことになってしまうように思われるのです。

ところが、漢籍の世界が漢籍の世界たるゆえんは、それがつながっているところにあります。一冊の書物、一巻の書物のあることばが、実は別の書物のあることばと結びついている。そういう結びつきがたいへんに強い世界です。漢籍の世界とは、いろいろな知識を得られる書物がただずらっと並んでいるだけではなく、書物それぞれがつながっているところが妙味です。一つとして孤立した書物はない。その書物をたどることで、必ず別の書物に行ける。それが、私が漢籍の世界に浸って研究や授業をするときなどに、いつも感じることです。つながりをたどることで、漢籍の世界を旅することができるのです。

ただ、旅をするにしても、難しい単語、漢語がもちろん出てきますから、それを辞書で調べるだけでだんだん頭が痛くなったりもするのですが、そちらは少し目をつぶって、むしろ見慣れた漢語をちょっとたどってみる。先ほどの「晴耕雨読」がまさに好例かと思いますが、見慣れたよく目にすることばであっても、ちょっと漢籍の世界の中に入ってみると、思いもよらぬ世界が広がっていたりする。「晴耕雨読」から「蛍の光」へ飛ぶということは、普通に考えるとなさそうなのですが、先ほどの話の流れでいきますと、きちんとつながります。『三国志』という書物も出てきたり、あるいは児玉源太郎という台湾総督の書いた詩が出てくるなど、時空を超えたつながりが実はあるわけです。

恐らくこの後、平勢先生、大木先生のお話のところで、辞書や索引、検索など、例えばこのような見慣れた漢語をたどるときにどんな工具書があるか、どのようにして道案内、道しるべを求めたらよいかというお話があろうかと思いますので、ここでは具体的なお話はいたしませんが、この辞書、索引、検索のようなものが、近年やはりたいへん発達しています。辞書や索引は従来からありますが、最近はとにかく検索ばやりで、何でもパソコンで検索すると、どんどんヒットしていく。中国学の世界もそうで、先ほど申し上げた『四庫全書』なども、小さいコンピューターの中に全部入ってしまう時代です。逆にそういう時代ですから、そういうものをうまく利用したらいいのではないかとも思うわけです。こういった辞書や索引、検索などを利用して、書物から書物へ渡っていく、ここが一つ大事なところかもしれません。

ただ、いわゆるインターネットの検索では、検索をして、ネットからネットへ渡り歩いて、結局、現実の何かに行きつかずに、ネットだけで済ませてしまうことがよくあります。しかし、ここで申し上げたいのは、あるいはお勧めしたいのは、たんに検索をして、ある単語を引いてみて、「こんな単語が別のこんな本に出てきた。わかりました」ではなくて、そうしたら、今度はその本を手に取ってみることです。ある書物の中で見たことばを、これは何だろうと思って辞書などを使って調べてみる。あるいはネットの検索で調べていって、「こんなものが出てきた。同じことばがこんな本にもあるんだ」となったら、その本へまたさかのぼってみるという形で、書籍から書籍へ渡っていく手だてとして、検索というものを利用すればよいのではないかと思うわけです。

漢文を読む、中国古典文を読む、あるいは漢籍を読むでもいいのですが、そういう話題の時によく尋ねられるのが、中国語ができないと駄目でしょうか、あるいは漢文訓読はちゃんとマスターした方がいいでしょうかというお話です。もちろん中国語ができれば、できたなりの楽しみはあります。訓読も極めればなかなか素晴らしいものです。ただ、専門家というわけではないのだとしたら、どちらでもいいのではないかと私は思います。あるいは、多少不正確でも構わないのではないかとすら思います。もちろんこういうことは博士課程の大学院生に向かって言うわけにはいきません。ちゃんとしなさいとどうしても言わざるを得ないのですが、しかし、そういう勉強風の読み方ではない読み方も十分あっていいだろうと。解釈についてもそうです。いつもいつも正確さを心がけなくてもよいと思います。実際、私もふだん漢籍を読むときには、だいたいこんな感じだろうという感じでさっと読んでしまうことがあります。

いちいち厳密に考えているばかりだと、やはり疲れてしまうものです。大事なことは、いいかげんに扱うということではなく、漢籍とは漢字、文字の固まりで、今日の資料を見ていただいても、平仮名がない漢字の固まりは、日本語の日常からすればたしかに重いのですが、ただ、この重さを質感としてとらえて、その文字を取りあえず読んでみる、文字を自分の中で理解してみる、文字と付き合ってみるという感じ、まずこれさえあればよいと思うのです。そういう方法として、例えば北京音でも広東音でも上海音でも何でもいいと思いますが、そういった中国音で読むという手順もあるだろうし、あるいは、もし韓国語を勉強している方がいらしたら、ハングルに直して読んでみるということも十分あるかと思います。あるいは訓読で読んでも構わない。いろいろな読み方が可能だと思います。文字というものを自分の音声、あるいは自分の目で読み取っていくというような読み方であれば、音読でも訓読でもいいと思うわけです。

遊歩の実践

ここから先は、実例として、どのように読んでいったら楽しくなるか、広がりが出てくるような読み方になるだろうかということで、私なりにちょっと遊歩してみましたので、その例といいましょうか、サンプルを今からお見せしたいと思います。

児玉総督の詩の中に出てまいりました「雨読晴耕如野客」は、訓読すれば「雨読晴耕　野客の如し」となります。「晴耕雨読」については先ほど解説したとおりですが、「野客」とはどういう意味だろう、野原にいるゲストかしら、何だろうという感じですね。漢字はとても易しいですが、どのような意味かなということを立ち止まって考えてみるわけです。

そして、このことばを辞書で引いたり、索引を引いてみたり、あるいは何か検索をしてみたり、いろいろしているうちに、例えばこういった詩にたどり着くことがあります。

贈李十四　四首　王勃

其一

野客思茅宇　山人愛竹林
琴樽唯待処　風月自相尋

其二

小径偏宜草　空庭不厭花
平生詩与酒　自得会仙家

其三

乱竹開三徑　飛花満四隣
従来揚子宅　別有尚玄人

其四

風筵調桂軫　月径引藤杯

直当花院裏　書斎望暁開

「李十四」の「十四」とは、一族の中のいとこを含めた男兄弟の順番を示している、一郎、二郎、三郎みたいな言い方です。十四人以上の兄弟だったというわけではなく、いとこも含めて、一族の男の子たちが生まれた順に名付けていくと十四番目になるということです。これは王勃という人が李十四という人に贈った詩です。

王勃は初唐四傑の一人で、六五〇年に生まれて六七六年に亡くなっています。若死にですね。ベトナムに左遷された父に会いに行く途中の船から転落して亡くなったそうです。代表作は「滕王閣序并詩」で、これは『古文真宝』にも載っていますので有名かと思います。この王勃の詩の中に、「野客　茅宇を思う。山人　竹林を愛す」という句があるわけです。この場合の「野客」は「山人」と対になっています。そして、「茅宇」にしても「竹林」にしても、これは単に田舎にいるというのではなく、やはり隠者的なニュアンスがありますね。

次の第三句（転句）、第四句（結句）を見てみますと、第三句の方は「琴」、これは日本の琴よりも小さいものなのですが、それから「樽」とあって、これは何が入っているかというともちろんお酒が入っているわけで、琴と酒を用意している。そうすると、「風月」、風も月も向こうからやってくるということで、やはり隠者の世界だということが浮かび上がってくるような詩ですね。

もちろん、先ほどの児玉源太郎の詩の中で「雨読晴耕　野客の如し」と言ったときの「野客」が王勃のこの詩を必ず念頭に置いているというわけではありません。そうではないのですが、しかし、王勃のこういう詩の世界とつながっていることは確かです。つまり、私たちはしばしば、ある詩の中の語が別の詩に出てくると、それを踏まえたか、踏まえていないかということを熱心に議論したがるところがあるのですが、遊歩的読書のためには、それは取りあえず置いておいたほうがいい。むしろ、児玉源太郎という明治時代の台湾総督による詩と、七世紀の中国の詩人による詩の世界が、「野客」ということばによって、いわばそれが一つのドアになって、つながっている、そういうところを見るのが大事だと思うのです。

さて、この詩は、四首ひとまとまりの詩です。そのうちの第一首の冒頭に「野客」が出てきたのですが、この第一首の最後に「風月」ということばがあります。先ほど風と月とあっさり申し上げましたが、この「風月」ということばも、そういえばゴーフルで有名な風月堂というお菓子屋さんがあって、この屋号も松平定信の命名にかかるものだということで、たしか東京大学ゴーフルというのも上野風月堂さんが作っておられるのだと思いますが、その「風月」も、調べてみるといろいろおもしろいのです。資料をごらんください。

（徐勉）常与門人夜集、客有虞暠求詹事五官、勉正色答云、今夕止可談風月、不宜及公事。

梁の時代の徐勉という人の記事で、『梁書』の「徐勉伝」にあるものです。まず「徐勉、常に門人と夜集う」とあります。徐勉という人はいつも、あるいはこの場合は「かつて」と読んでもいいかもしれませんが、しばしば門人たちと夜になるとうたげを催していた。そこに虞暠という人がいて、彼が「詹事五官」、これは官職名ですが、その官職を求めにきたというわけです。徐勉はこのとき官職の人事権を持っている役職に就いていました。人事権を持っている、つまりいわゆる実力者なのですが、そうすると、何か役職が欲しいといって来る人も当然いるわけです。そうした時、この徐勉が何と答えたかというと、「勉は色を正して答えて云う」、つまり、顔色をきっと正して言ったわけです。「この夕べは風月を談ずる、それだけだ。公事にわたってはいけないのだ」と。つまり、ここでは「公事」と対比されて「風月」という言葉が使われている。そして、「風月を談ず」というのが一つの言い方になっているということができます。

ですから、先ほどの風と月は自然と向こうからやってくるのだという句の「風月」は、文字どおり心地よい風、あるいは麗しい月の光というそのままで理解することが当然できるわけですが、と同時に、それはたんに心地よい風と麗しい月の光だけではなく、やはり公の世界といいましょうか、俗世といいましょうか、位が何だとか、出世が何だとか、そういった世界ではないものを象徴しているということになります。つまり、この夜の集いは、俗世のさまざまなしがらみや欲望のようなものから離れた世界だと。だから、ここでは風月を談ずべきであって、公事に及んではいけないと徐勉は言ったという話で、「風月」とはただの風と月ではなく、そういった先ほどの隠者的な世界、隠逸的な世界ともつながるわけですが、いわゆる晴耕雨読の世界ともつながっているということになります。

さらにつなげてみようということで、次の詩をごらんください。

閑吟　白居易

貧窮汲汲求衣食　富貴営営役心力
人生不富即貧窮　光陰易過閑難得
我今幸在窮富間　雖在朝廷不入山
看雪尋花玩風月、洛陽城裏七年間

白居易の「閑吟」という詩です。なかなかおもしろいといいましょうか、何となく楽しい感じの詩です。「貧窮　汲汲として」、貧しいと汲々として、「衣食を求む」、生活の当てを求めるようになるものだ、ところが、金持ちになれば金持ちになったで、心を費やすことが多いというわけです。貧しければ貧しいなりに経済的にいろいろたいへんだけれども、金持ちになったらなったで、あるいは金持ちだけではなく、「貴」が入っていますから、これは地位も高いわけですが、お金を持っていたり、地位が高かったりすると、いろいろ神経を使うことが多い。現代風にいえば、ストレスがたまるという感じでしょうか。そして、人生、人が生きるということは、富んでいるのでなければ貧しいということになってしまう、どちらにしてもなかなかつらいという話であるわけですが、時間というものは過ぎやすく、閑、つまり何もしないですむ時はなかなか得がたいものだ、と。

白居易の詩は、易しすぎて駄目であるとけなされることがしばしばあるのですが、たしかにこの詩は易しいですね。何となく意味がわかってしまう。私はそれでいいと思いますし、このように文字が並んでいて、何となく意味がわかってしまうという点では、白居易の詩などは遊歩的読書に向いているのですが、それはともかく、詩の後半で、彼はちょっと自慢を始めるのです。私は今、幸いに窮と富の間にいるのだと。窮でもなく富でもない。そんなに貧しくもないが、そんなに富んでいるわけでもない。もちろん白居易は官僚としてたいへん出世した人ですが、この詩が書かれたのは、政治の表舞台である長安を離れて洛陽に引っ込んでいる、晩年と言ってよい時期で、実務のない名誉職に就いています。そして、朝廷には名目ながら官位があり、山にこもっているわけではないけれども、「雪をみたり、花を尋ねたり、風や月を観賞したり」、この「玩」とは観賞する、もてあそぶということで、楽しむとか観賞するということになると思いますけれども、そういった暮らしをしている。それが「洛陽城裏七年間」、この句も詩と言っていいのかどうかわからないくらい単純な文字列ですが、洛陽にこうやって暮らしてもう七年になるということです。ここから見ても、「風月を玩ぶ」というのが、いわば「雪花」とセットになって出てきていることがわかります。

ここから連想されるのに「花鳥風月」ということばがあります。実は「花鳥風月」という四字熟語で中国の辞書に出てくるかというと、これが出てこないのです。漢籍を繙いても、「風月」はもちろんたくさんあります。「花鳥」もあります。ただ、「花鳥風月」という言い回しがさかんに用いられるのは、明らかに日本特有です。ちょっと「晴耕雨読」と似ていて興味深いところですが、そのお話はまたいずれということで、今日は先に進みます。

書　斎

少しおもむきを変えて、今度は「書斎」です。先ほどの王勃の詩の其四の最後に「書斎　暁に望んで開く」という句があります。書斎ということばは、それを所有する幸福に恵まれているかどうかは別にして、私たちが日常的に使う語彙の中に入っていますが、さかのぼると、この王勃の詩がかなり早い例になります。『論語』や『孟子』の中に書斎ということばがあるかというと、ありません。書斎ということばは、仏教の伝来ともかかわりがあろうかと思いますが、六朝から初唐にかけてよく使われるようになったことばです。今日はせっかく図書館でお話しさせていただいていますので、書斎という語が王勃の詩に出てまいりましたのに乗じて、ちょっと遊歩してみます。

書斎もやはり、この王勃の詩からすると、俗世を離れた空間という意味合いが強そうですね。あれこれたどってみると、杜甫の詩が出てきました。唐の時代の詩を全部集めた『全唐詩』などには検索ソフトがありますし、あるいは杜甫の詩の索引などもありますから、そういうふうにして行き当たることもできます。

冬日有懐李白　　杜甫
寂寞書斎裏　終朝独爾思
更尋嘉樹伝　不忘角弓詩

裋褐風霜入　還丹日月遅
未因乗興去　空有鹿門期

これは冬の日に、李白のことを杜甫が思い起こしている、懐かしく思っているという詩です。この書斎にはたぶん誰もいないのでしょう。「寂寞」と書いてあります。一日中、独りあなたのことを思っている、つまり、冬の書斎の中で一人、杜甫が李白を思っているわけです。王勃の詩とつながっていますが、ちょっと雰囲気が違いますね。

その次の句になると、いきなり白居易とは違って分かりにくくなりまして、「嘉樹伝」とは何だろう、「角弓詩」とは何だろうということになります。資料をごらんください。

有嘉樹焉、宣子誉之。武子曰、宿敢不封殖此樹、以無忘角弓。

『春秋左氏伝』という書物、儒家の経典であり、歴史書でもありますが、この文は、その昭公二年の条に見られるものです。「嘉樹」というものがあって、宣子がこれを褒めた、すると武子が「宿」、これは自称ですが、「私、宿はこの樹を大事にしないことはないであろう」と言った。そして、「角弓詩」、これはここには引いていないのですが、中国で一番古い詩集である『詩経』の中に入っている「角弓詩」をあなたが歌ってくれたことを忘れることはないだろうというような記事があって、それを踏まえています。杜甫の詩の注釈では、「嘉樹」にしても「角弓」にしても、これは兄弟の情をうたった、兄弟同様の契りをうたったものであるから、ここで用いているのだとされます。

それから、例えばその次の二句ですと、「裋褐　風霜入る。還丹　日月遅し」とあって、これも先ほどの白居易に比べると難しい感じがしますが、「裋褐」（しゅかつ・じゅかつ）を辞書で引いたりしますと、次に挙げましたように、『史記』の秦始皇本紀の中に、「寒者利裋褐而飢者甘糟糠」、つまり「寒さに苦しんでいる者は、裋褐でさえ役に立つと思う」という記事があります。これは、丈の短い上着とか、毛皮の上着とか、解釈はいくつかあるのですが、要するに粗末な服、あるいは丈の短い服という意味で、そういうことは、さすがに辞書を調べないとなかなか出てきません。

最後の結びはこのようになっています。「いまだに興に乗じて行くことをしていない。ただ空しく鹿門での約束」、「期」は約束ですね。いついつ会いましょうというような約束でしょうか、そういう鹿門での約束が「むなしくあるだけだ」、なかなかあなたに会えなくてつらいということです。「興に乗じて行く」というのは、何でもないような句なのですが、これも典拠を踏まえていて、次に引きましたように、『世説新語』という書物にもとづいています。あるいは「鹿門」も鹿門山という山の名前で、これも引いておきますが、『後漢書』という史書に記事が載っています。

王子猷居山陰、夜大雪、眠覚、開室、命酌酒。四望皎然、因起仿偟、詠左思招隠詩。忽憶戴安道、時戴在剡、即便夜乗小船就之。経宿方至、造門不前而返。人問其故、王曰、吾本乗興而行、興尽而返、何必見戴。
龐公者、南郡襄陽人也。荊州刺史劉表……指而問曰、先生苦居畎畝而不肯官禄、後世何以遺子孫乎。龐公曰、世人皆遺之以危、今独遺之以安、雖所遺不同、未為無所遺也。表歎息而去。後遂携其妻子登鹿門山、因采薬不反。

説明は省きますが、前が『世説新語』任誕篇、後が『後漢書』逸民伝の記事です。このような典拠や故事もまた、漢籍の世界のつながりの特徴です。つながっていくと、背景としての、今の杜甫の詩であれば、故事がある。詩の裏側にたくさんの書物がある。杜甫はとにかく万巻の書を読んで詩を書いたといわれている人ですから、たくさん典拠があるのですが、そういった背景としての故事。それによって何が可能になっているかというと、短い文章だけれども、そこにぎゅっといろいろなイメージが重層化して詰まっているということです。ですから、ある一つのことばがほかのことばにつながっていく数珠つなぎの世界なわけです。

これは、先ほどの連想、たとえば風月ですとか、必ずしも王勃の詩を踏まえて白居易が書いているわけではないものでありながら、しかし、連想によって詩がつながっていくというようなものと本質的には変わりません。ただ、それがより意識的技巧的になされているということです。

もちろん、今お話ししたようなこと、特に杜甫の詩についてお話ししたようなことは、私はほどほどにしておいたらいいのではないかと思っています。専門家であれば別ですが、そうでなければ、「こういうものがあるんだな」くらいでいいのではないでしょうか。逆に、気が向いたら「ちょっと『世説新語』を読んでみようか」というのが、私が提唱したい遊歩的読書です。ほどほどの気楽さ、ちょっと頭の隅に留めておいて、何か機会があったら、どこか図書館や書店で『世説新語』という本を見たら、「あ、この本か」ということで、そこで読んでみる、くらいの感じで十分なのではないかと思うわけです。

六朝の陶淵明という詩人は、日本でもよく読まれていると思いますが、その「五柳先生伝」という文章の中に、読書は好きだけれども、突き詰めて解釈することは求めない、ただ自分の意にかなったところがあれば、喜んで食事を忘れるぐらいだ、という一節があります。私もそれに倣ってはどうかと思う次第です。

先生不知何許人、不詳姓字、宅辺有五柳樹、因以為号焉。閑静少言、不慕栄利。好読書、不求甚解、毎有会意、欣然忘食。性嗜酒、而家貧不能恒得。親旧知其如此、或置酒招之、造飲輒尽、期在必酔、既酔而退、曾不吝情去留。環堵蕭然、不蔽風日、裋褐穿結、箪瓢屢空、晏如也。嘗著文章自娯、頗示己志、忘懐得失、以此自終。

これがその文章です。お気づきになられましたでしょうか、「裋褐」という語が出てきますね。ここから遊歩を始めることもできそうです。

文字の質感

最後に、漢籍の世界を旅する時に文字の質感を大事にしたい、あるいは、実際の本を手にとっていただきたい、と申し上げたことについて、少しお話させてください。

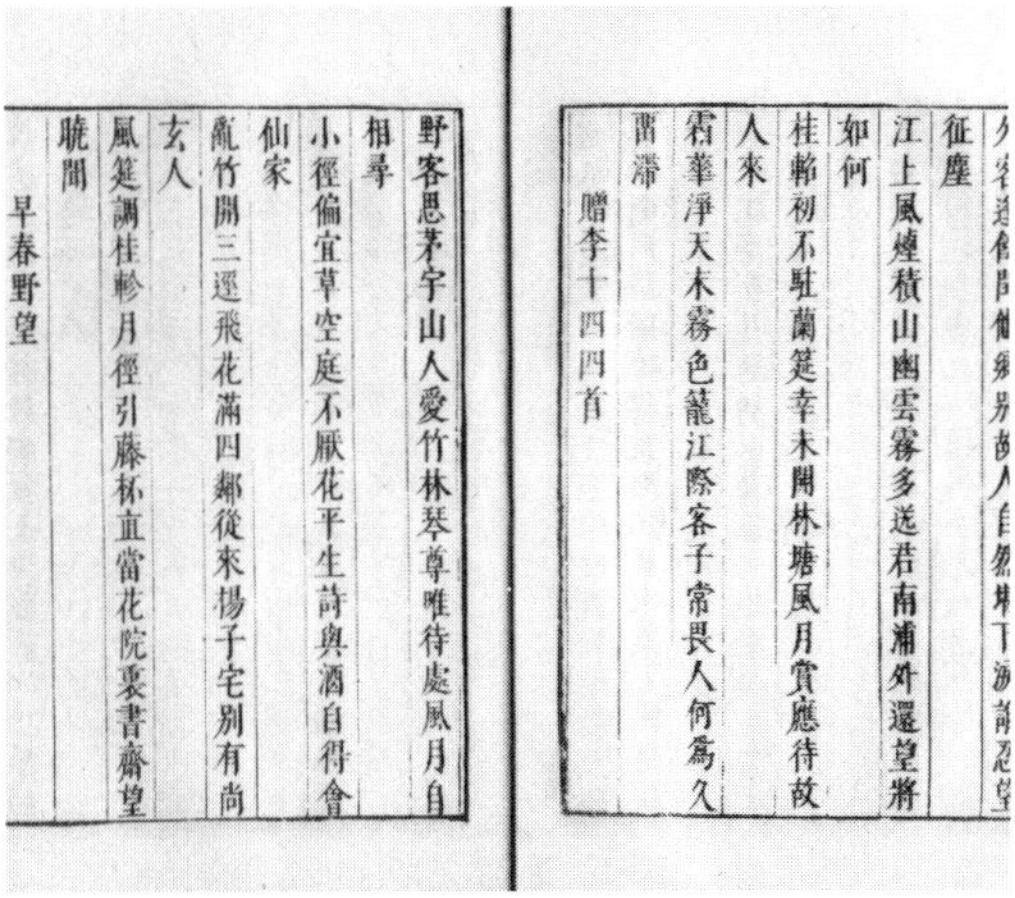
征塵
江上風煙積山幽雲霧多送君南浦外還望將
如何
桂軺初不駐蘭筵幸未開林塘風月賞應待故
人來
霜華淨天末霧色籠江際客子常畏人何爲久
淹滯
贈李十四四首
野客思茅宇山人愛竹林琴樽唯待處風月自
相尋
小徑偏宜草空庭不厭花平生詩與酒自得會
仙家
亂竹開三逕飛花滿四鄰從來揚子宅別有尚
玄人
鳳筵調桂軫月逕引藤杯直當花院裏書齋望
曉開
早春野望

図1

いまお示ししている本は（図1）、『四部叢刊』というシリーズの一冊で、漢籍を扱う古本屋さんに行くと、運良くばら売りがあれば、一冊千円程度で買えるものです。日本で言う和綴じ、漢籍では線装本ですが、かたちは古いものです。でも古い本そのままではなくて、古い貴重な版本を、今の言い方では縮小コピーしたものですから、昔の姿をうかがい知ることができるし、かつ昔の本ではないので安く買えます。そういった手軽な、『四部叢刊』を手軽と言ったら怒られるかもしれませんが、そういったものを見ると、何がうれしいかというと、例えば「書斎」という言葉は、拡大するとこういう字になっているわけです（図2）。これはまさに、いわゆる明朝体ですね。これは明の時代の刊本

図2

ですから、いわゆる明朝活字体の基になったような字体で書かれています。こういうものを実際にめくりながら味わうのがなかなか楽しかったりします。

それから、ご覧のように句読点が付いていませんが、これは五言絶句だと分かっていたら、五字ごとに点を入れれば、それでいいわけです。私は学部生のときに、先生にそう言われました。とにかく五字ごとに切ればいいのだから、切りながら読んでみなさい、切っているうちに何か出てくるよと言われたことがありますが、そのような読み方もできます。先ほど申し上げましたようにそれほど高い本ではありませんから、赤鉛筆で、あるいは筆でも何でもいいのですが、句読点を書き入れながら楽しむというのもよいと思います。漢字がつぶつぶと並んでいるところから、何か気に入った句を引き出していくという読み方もあるのではないかと思います。

『陶淵明集』の「五柳先生伝」の方は、こんな字体になっています（図3）。先ほどと字体が違うのが分かりますでしょうか。拡大すると、例えば「読書を好む」というところはこんなふうになっています（図4）。これは中国の元の

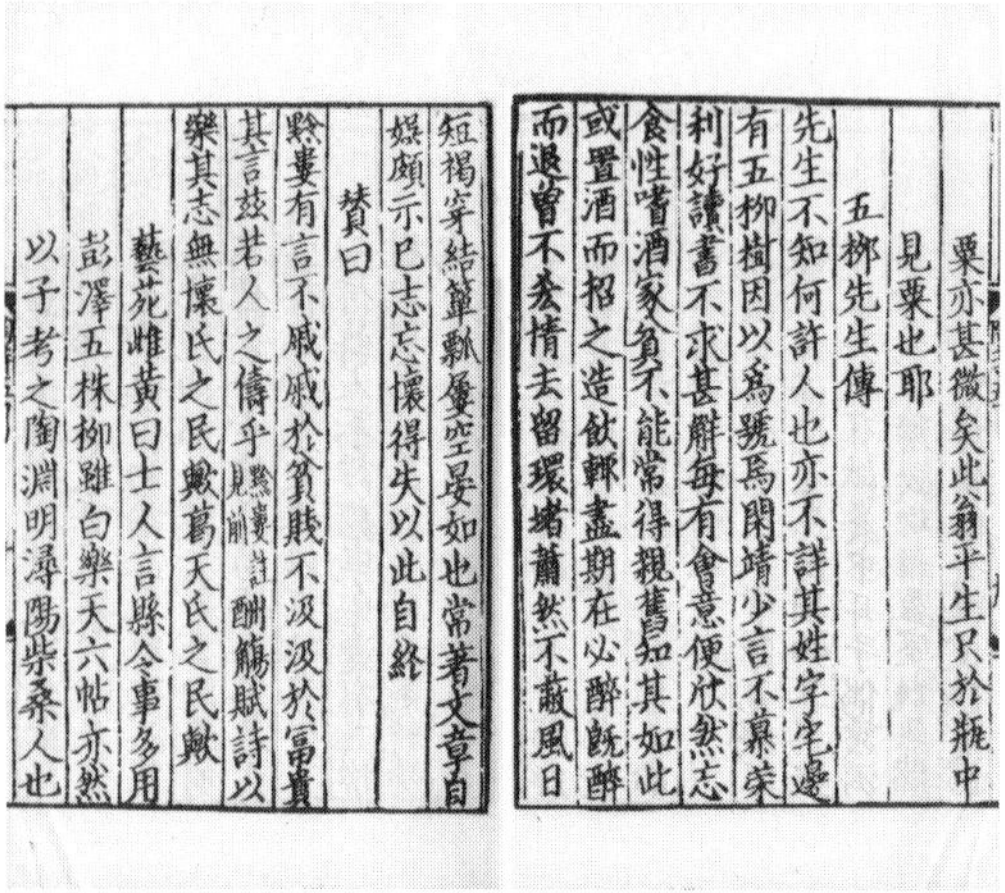
栗亦甚微矣此翁平生只於瓶中
見栗也耶
五柳先生傳
先生不知何許人也亦不詳其姓字宅邊
有五柳樹因以爲號焉閑靖少言不慕榮
利好讀書不求甚解毎有會意便欣然忘
食性嗜酒家貧不能常得親舊知其如此
或置酒而招之造飲輒盡期在必醉既醉
而退曾不吝情去留環堵蕭然不蔽風日
短褐穿結簞瓢屢空晏如也常著文章自
娯頗示己志忘懷得失以此自終
賛曰
黔婁有言不戚戚於貧賤不汲汲於富貴
其言兹若人之儔乎黔婁註見前酣觴賦詩以
樂其志無懷氏之民歟葛天氏之民歟
藝苑雌黄曰士人言縣令事多用
彭澤五株柳雖白樂天六帖亦然
以予考之陶淵明潯陽柴桑人也

図3

図4

時代に、宋の時代の本を翻刻したものです。つまり、もとは宋の時代の版本があったのですが、版木が失われたので、元の時代になって書物をもう一度ほどいて一枚一枚写し彫りしたというもので、字体が先ほどと違います。これがいわゆる、私たち日本では宋朝体、あるいは宋体という言い方をしていて、中国では仿宋体という別の言い方になるのですが、明朝体とは違って、ちょっと右上がりの、筆使いを残した形です。「書」という字も違いますね。一般によく目にする書体としては、教科書体のようなものがやや近いでしょうか。先ほどの書斎の「書」と全く違うことがお分かりいただけるかと思います。

実際の宋本はもちろんこうやって持ってくることなどできないのですが、いわゆる影印本、複製本は、わりに気軽に扱えます。もし今まで手に取ったことがないという方がおられましたら、ぜひそういったものを手に入れてください。中国に行くと、ちょっと高めですが、こうした複製本の大きなものが、古典を扱う書店には売っています。

また、江戸時代や明治時代の本でしたら、意外に安く買えます。あるいは最近だと「日本の古本屋」など、ネットで買うことができる本屋さんが多くあって、そういうところでも、わりと安く明治時代や江戸時代の『古文真宝』や『唐詩選』といった本が買えますので、そういうものをぱらぱらとめくりながら、文字の質感、本の質感を楽しんでいただければとも思うわけです。

「漢籍を読む」というお題をいただきまして、私なりに漢籍を読むとはどういうことなのだろうかと考えながら、今日のお話をさせていただきました。漢籍の世界はお勉強的なものもありますし、あるいは隠者的なものもありますが、現代の私たちがこの場で漢籍の世界に入っていくとしたら、申し上げたようなぶらぶら歩きといいましょうか、ちょっと興味を引かれたところをたどりながら、自分がよく知っていることばであればこそ、その漢語の裏にいろいろな書物の世界が広がっていることを確かめながら、急ぎもせず、ゆっくりと味わっていく。それが結果的には漢籍とは何かをつかんでいくことになるのではないかと思います。

漢籍の世界は、じつに豊かな世界です。ぜひその世界に足を踏み入れてください（拍手）。

初心者向け四部分類解説

橋本秀美

ようこそのお運び、ありがとうございます。ご在席の中には図書館の経験豊富な大先輩方もおられますし、個人的にも以前お世話になった図書館の方もおられて、大変恐縮しております。一般公開ということですので、若い学生さんもおいでになっておられます。従って、非常に難しいお仕事なのですが、一生懸命務めさせていただきます。

まず、本日の企画は研究所の図書室の発案になるもので、私は図書主任の風巻氏から命ぜられてお話しすることになっております。題目も図書室から与えられたものです。つまり、図書室の皆さんが自分たちで知りたいテーマを選んだということで、しかも本日おいでの皆さまも図書館の方々が多いということですので、図書館の角度から四部分類を見たときに、どのようなことが問題になるか、実務的問題に関心の重点を置いてお話ししたいと思います。ただし、分類の具体的なお話をすると、とりとめがありませんし、実際にそういう作業については いろいろ参考書が出ておりますので、本日は特に実際の問題の裏に

ある原理や原則のようなところをお話ししたいと思います。

最初に漢籍目録の分類配列の必要性というところからお話しさせていただきます。私は個人的に東洋文化研究所の漢籍目録データベースの構築のお手伝いをしておりました。その後、全国漢籍データベース協議会という事業にも携わったことがあります。その経験で申し上げますと、現在の大学図書館におきましては、各学校のOPACと、あるいは情報学研究所のWebcatが非常に圧倒的な影響力を持っていまして、読者も図書館員もこれらのシステム以外の目録を使うことは非常にまれになっています。その結果、漢籍についてもほかの書籍と同様に、OPACやWebcatのシステムに登録しなければ仕事にならないというのが現状ですし、逆にOPAC、Webcatのシステムに登録してしまえば、それでよいという考えにもなってきます。

情報学研究所の方の中には、全国漢籍データベースも情報学研究所のWebcatに吸収してしまおうというお考えの方もおられたように思いますし、それから、例えば東大の総合図書館には漢籍分類目録があって、電子版も公開されているのですが、東大の附属図書館のホームページで本や雑誌を探すページに行っても、漢籍目録は出てきませんで、OPAC、Webcatしか見当たらない。電子版の漢籍目録にたどり着くのは至難の業です。たどり着いても、総合図書館の電子版漢籍分類目録は検索がほとんど不可能な出来上がりになっていまして、現実的には利用できないような状況です。

OPACという名称はOnline Public Access Catalogの略称ですので、意味はオンライン公共利用目録ということです。ですから、例えば総合図書館の漢籍目録、あるいは東洋文化研究所の漢籍目録データベースなども、意味としてはオンライン公共利用目録ですから、OPACと呼んで間違いないものですが、現状として、現在東大でOPACといえば、東大図書館のOPACの代名詞となっているという状況です。

ネット上で公開される誰でも使える目録ということは、もちろん大変ありがたくて便利なので、どこからも異論はありません。ですから、問題はOPACという概念ではなくて、現在の大学図書館で使用されているOPACのシステム、それから情報学研究所で使っているWebcatのシステムが、漢籍の目録として十分利用に堪える設計になっていないところが問題なのです。このために東洋文化研究所では数年前から独自の漢籍目録データベースを作って、東大図書館のOPACと並行して利用しています。ただし、運用の問題として、新規購入の図書について、図書室の日常業務として図書館OPACに登録する以外に、漢籍目録データベースにも登録するという業務までは請け負えないので、特別な経費がない現状で、漢籍データベースの目録更新、新規データの目録更新は基本的に中断しているという状況です。

このような問題はなかなか解決されにくい構造になっています。少し話がそれますが、同様の例を挙げます。中国の出版業を見ますと、中国の印刷屋が繁体字縦組みの本を出すと、非常に見にくい汚いものが出来上がってくるのです。最近は多少改善されていますが、数年前までは見るも無残な汚いものが出てくるようになっていました。なぜかと言うと、印刷システムの開発者は簡体字横組みを標準としてシステムを開発して、それを取って付けたようなおざなりな設計で、「繁体字で縦組みもできます」というものを作っているわけです。つまり、利用者が少ないから、作る方もまじめに取り組まないし、利用者の声もあまりにも弱いということになっているわけです。漢籍目録につきましても、図書館全体に占める位置というのは、漢籍の利用者が必ずしも多くないということもありまして、現状として非常に困難だということは承知しておりますが、本日はせっかく図書館の方々にお話しする機会ですので、できるだけ実際の問題点をご理解いただけるようなお話をしたいと思います。

目録の話に戻りますと、現在の情報学研究所の Webcat や東大 OPAC などが漢籍の目録として実用に堪えないという理由は幾つかあるのですが、その中の一つが本日お話しする分類の問題です。漢籍目録は分類配列されないと致命的に不便だというのが、本日ご説明したい第一点です。

分類というのは、図書館の皆さまはよくご存じで、本来はなかなか難しいもので、一つの分類体系ですべての本を分類しようとすれば、どこに入れていいか分からないものが必ず出てきます。特に最近は学際的とか、多分野、新領域などという変なものがはやっていまして、分類のすき間をわざわざ狙ってくるようなものばかりなので、これは手に負えないということです。苦労して分類しても、間違っているとか、不適切であるとか、読者からは常にそういう声が聞こえてくるわけです。

いっそ分類しない方が、合理的で、すっきりするという考えも可能かと思います。私が過去、個人的に利用した範囲で申し上げますと、東大では文学部の図書室が整然としていて非常に快適です。なぜかというと、あれは雑誌を誌名で並べているからです。配列の順番が一義的に文句なく決まってきて、正しい位置以外にあれば間違いだということがはっきりしているからです。これ以外の配列方法はあり得ないということですから、非常にすっきりして気持ちがいい図書室なのです。実際の利用の面から考えて、分類がなくてもキーワードで検索できれば、より合理的で効率的だという考えもあるわけです。例えば総合図書館でも、閉架の部分について言えば、必ずしも分類の意義はそれほど大きくないといえるのではないかと思います。東洋文化研究所の図書室でも、私個人、和書や現代中国書を見る場合には分類は利用しておりません。直接OPACで検索して、棚から取ってくるということをしています。しかし、これが漢籍ではそうはいかないということが問題なのです。

それでは、なぜ漢籍は特に分類が必要とされるのかということです。これも幾つか理由が考えられると思いますが、まず第一は著者名が確定し難い場合が多いということです。古典の場合はよくご理解いただけると思いますが、例えば『聖書』は誰が書いたのでしょうといって、一人の名前を挙げるのは難しい。その内容についても、旧約とか新約といっても、一度に出来上がったわけではありませんので、内容も時間によって変化してきます。中国の古典も、一人の作者が作ったというものではない場合が非常に多いわけです。先秦時代のもの、経典といわれる『詩経』や『書経』などはもちろんですが、『論語』のようなものも作者は不明ですし、何しろはっきりしない場合が多いのです。先ほど大木先生がご紹介くださいました『老子』ですが、あれも『道徳経』とか、『道徳真経』とか、いろいろな名前が付いているわけです。その内容にも多少の出入りがあるということを、午前中、大木先生がお話しくださいました。さらに時代が下って、近代に至っても、小説のようなもので作者不詳というものはたくさんあります。それから、同じ内容のものでいろいろな書名が付いているというものがあるわけです。ですので、どうしても書名、著者名以外の分類が必要、望ましいと考えられるということです。

まず、書名、著者名のバリエーションの幅が大きいことの背景として、中国における文献の伝承過程を少しご理解いただきたいと思います。それは大木先生が「伝える」という主題でお話しくださったとおりで、中国の古典文献は伝承の過程が非常に複雑で、よく分からない場合が多いのです。これは特に日本の場合と比べていただいて、その鮮明な対比を感じていただきたいと思うのですが、日本の古典については『国書総目録』という目録があります。その中には日本の古文献が大量に著録されているのですが、その量は非常に膨大です。私などが見ますと、どうもわれわれが普段意識している中国の古文献の量よりも、『国書総目録』に載っている日本の文献の方が多い感じです。実際は分かりませんが。しかし、そんなことがあるかというのがちょっと疑問です。つまり、中国で文献を作っている時間は日本よりずっと長いですし、人口もずっと多いですし、場所も広いわけですから、中国の古典文献が日本のものより少ないとは考えにくいのです。

では、どういうことかというと、比較する文献の範囲が違っているということです。つまり、『国書総目録』に載っている文献の中には、世界に一部しかない、あるいは数部しかないという本がたくさん含まれているのです。漢籍について、世界に一部、世界に数部ということを言う場合は、大抵は宋元版本で、もうこれしか残っていない、仮に市場に出れば、それ一部で何千万とか、何億というものが普通ですが、『国書総目録』に載っている世界に一部という本は、往々にして江戸時代の抄本です。江戸時代の抄本で世界に一部、あるいは数部というのは、作られたときから世界に一部、あるいは数部しか作られていないものなのです。宋元版本は何百部、何千部と作られたものが、何百年の時間を経て現代まで残っているのが一部とか数部という話ですが、日本の『国書総目録』に載っている江戸時代の抄本で一部、二部というのは、最初から一部、二部しか存在しなかったものが往々にしてあるということです。それは、どうも日本では古く書かれた本が、そのままの形で、ほとんど誰にも読まれることなく大事に伝えられて現代まで残っている、蔵の中で大事にされて、そのままの形で何代も伝えられてきたというものがたくさんあるということです。

そういうものが中国ではあまりないのです。中国で伝えられている文献というのは、不特定多数の人間の、多くの人の手を経て現代まで拡散しつつ伝承されてきているということが問題なのです。そこにいろいろなバリエーションが出てくるということがあるわけです。つまり、先ほど『老子』の例でも、「大器晩成」かどうかという話がありましたように、内容自体も、字が変わったりしてくるし、書名も変わったりするようなことが非常に一般的に起こってくるわけです。つまり、『老子』という本は誰が書いたか分からないし、どの本が最初の本かも分からないのです。ただ、ずっと代々みんなその本を読んでいて、みんなが書き写したり、出版したり、自由にやっていて、それが現代まで残っているということなので、日本の本の場合のように、著者が書いたものがそのまま残っているという状況は極めてまれなわけです。そういうことを考えると、なぜ中国の文献が面倒くさいのか、簡単に書名・著者名でいけないのかということが多少ご理解いただけるかと思います。

それから、もう一つは言葉の問題があります。漢語、中国語の場合は、漢字一字一字に特定の意味合いがどうしても付いて回るという問題があります。例えば、個人的な話で申し訳ありませんが、私の名前は「秀美」という、女性に多い名前なので、子どものころから周りから「秀美ちゃん、秀美ちゃん」と呼ばれてかわいがられてきているわけですが、日本で名前だけを見て、女性を想像していた人が私本人を見ると、ただのおじさんなので笑っていただけるのです。ところが中国だと、これがどうなると思いますか。中国だと、日本よりももっと笑いが取れるのです。なぜかというと、「秀美」という名前はすらりと美しいという意味なのです。そこに不細工なおやじが出てくるので、大笑いということになるのです。つまり、日本語の場合、秀美といえば単に女の子の名前としか意識されないのですが、中国で秀美というと、単なる名前ではなくて一般的な形容詞としての意味がはっきり出てきてしまうということです。名前であっても常に意味が付いて回るというのが漢語の特徴です。

そうしますと、逆に名前というのは一つの物事に対して一つ与えられている単なる記号ではなくて、それ以上の意味を持ってしまうということですから、同じものについて、いろいろな名前が付くことになります。ですから人の名前でも、中国ですと本名があるほかに、幼名があって、あざ名があって、号があって、筆名があって、別号があってと、一人で何十も名前を使ったりするわけです。それはそれぞれ意味があって、こういうときにはこういう名前を使うというようなことをするわけです。

文献においても同じような現象があります。同じ本で、例えば『老子』が「道徳真経」と呼ばれるというような場面がたくさん出てくるわけです。何しろ不特定多数の人が書き写したり、出版したり、再編集したりして伝えられてくる文献ですから、そのたびにそれぞれ名前が変わってくるのです。あるいは同じ名前のようだけれども、その前後に飾りが付いたりということが非常に頻繁に起こってくるということで、書名が固定しにくいという状況があるわけです。そもそも作者が書名を付ける場合にも、そのような人に与える言葉の印象という効果を考えて、内容を直接表さない書名を付けるような場合が非常に多く、書名だけを見て内容を想像できないという場合が非常に多いのです。あるいは後世の人がある古代の文献を引用する、あるいはその本に言及する場合、これまた適当にアレンジして、その本を指し示すというようなことが日常的に行われているわけです。ですから、書名も非常に不安定ということなので、これが分類がどうしても望まれる一つの大きな理由になっています。

このことは、一つは中国語・漢語が常に意味を暗示してしまうという特徴と、それから、中国において古文献が不特定多数の人の手を経て現代に伝えられているという、二つの事情を背景として起こっていると理解していただけるのではないかと思います。

そうしますと、この事情は日本や西洋とは多少違っていると考えた方がよいと思います。例えばアメリカの図書館の目録ですと、書名は標題紙から取るというようなことがあるらしいのです。アメリカの書籍ではそういう方法が適切なのかもしれませんが、漢籍についてそれは全く不適切ということになります。漢籍についていえば、標題紙というのは包装紙であって、広告であって、宣伝ですから、入れ替わりもしょっちゅうありますし、書名の書き方としては最もいいかげんなものです。場合によっては著者名すら、全く別人が書いてあるということもあって、とても当てになるようなものではないのです。

以上、ここまでの話をまとめますと、漢籍の場合は書名・著者名が固定的ではない。それから、内容も固定的ではない。ですから、まず同一の書物であるということを認定する必要があるのですが、同一の書物と一般に認定されるものでも、文字の出入りがかなりあるという状況です。これはいずれも中国の古典文献の特殊な伝承のされ方を原因として形成されてきた特徴です。従って、これを一つの理由として、漢籍について分類目録の必要性が高いと言えると、取りあえず申し上げておきたいと思います。

それでは、いよいよ本題ですが、まず「四部分類」とは何のことでしょうか。四部分類という具体的な分類法があるのでしょうか。そうではないのです。四部分類といわれる分類法の実態は千差万別です。例えば東洋文化研究所の漢籍分類と、内閣文庫の分類と、北京図書館の分類と、みんな違っています。それどころか、東洋文化研究所の配架の分類と、『分類目録』の分類とでは、分類体系が一致していないのです。このため、図書館の係の皆さんにも余計なお手数をかけていることになっていますが、とにかく一口に四部分類と言っていますが、その実態は全くいいかげんなものだということです。ただ、千差万別のものではあるものの、大体で見ると、大枠として四分類というのが共通しているということで「四部分類」と簡単に言っているということです。ですから、四部分類という言葉の意味は具体的な細かな分類まで含めたものではなくて、単に中国の伝統分類と言っているのと同じことだと理解していただいた方がいいと思います。この点を理解していただけると、四部分類と一般の図書分類との違いが理解しやすいかと思います。

四部分類と一般の図書分類のどこが違うのかといったときに、十進分類は十に分けて、四部分類は四つに分けてというような話ではないのです。それはもちろんそうですが、本質的な問題ではありません。本質的な違いは、十進分類のような現在の分類は、現在のわれわれの意味概念で内容を分類しているのに対して、四部分類は伝統の文化概念で分類しているということです。例えば『詩経』という経典があります。

これは内容上は文学に属するものです。それから『春秋』という経典があって、これは内容からすると歴史書です。しかし、四部分類ではこれを経部という一つの分類にまとめるのです。現代の中国の図書分類では、『詩経』は文学ですし、『春秋』は歴史類に分類されています。しかし、二〇〇〇年来の儒家の経典として、これらの本が読まれてきたという歴史があるので、さらに『詩経』や『春秋』を含めて、各種経典を有機的な体系として研究してきたという歴史があるので、経学という伝統概念が形成されており、それによって経部という部類に『詩経』や『春秋』が一緒に入ってくるということになっているのです。ですから、実際の内容としてどうだということで分けるのではなくて、伝統的に形成されてきた概念を参照しつつ、分類を付けていくということが、四部分類の現代の分類と違う特徴です。

ただし、中国文化の伝統というのも一つの固定的なものがあるわけではありませんから、伝統概念もいろいろあります。その結果として、さまざまな内容の古典文献をまとめて分類体系を作るというときに、一つのこれが決定版というものはできないという状況になっているわけです。ですから、四部分類といったときに、それは固定的な一つの具体的な分類法があって、それを指しているわけではないということにご注意ください。従って、例えば、「この本は四部分類ではどの分類に属します」というような言い方は誤りです。つまり、四部分類といわれるような一つの分類法があるわけではなくて、四部分類といって実際にイメージされているのは、千差万別の各種の伝統的な分類法にすぎないということをご注意いただきたいと思います。

さらに、なぜそういう千差万別な四部分類があるのか、あるいはそういう違いをどのように理解して、どのように対応したらいいのかということをお話しします。まず中国には、そういう分類のことを検討する目録学という概念があります。最近は大学などでも必修課程として目録学が教えられていますので、各種の教科書や参考書がたくさん作られています。その中で時間的に早くて内容が優れたものとして、倉石武四郎先生の『目録学』という本、あるいは余嘉錫という人の『目録學發微』などを挙げることができますが、最近の同類の教科書類は、それらの本の受け売りが非常に多いのです。問題は、学科としての体裁を整えようとする傾向が非常に明らかで、結果として理論の方に偏りがちという現状があります。最も問題なのは、目録学を語る場合に、目録の学術史的な意味を過度に強調するという傾向です。確かに目録分類というのは学術を反映するものですし、伝統分類は伝統学術の源流を示すということも可能です。しかし、図書分類、図書目録というのは実用が第一義です。本来、目録は図書館の帳簿ですから、そういう現実的な立場を忘れることはできません。

例として、現存する最も古い目録は『漢書』藝文志というものです。これは先ほど大木さんもご紹介くださいましたが、『漢書』藝文志では司馬遷の『史記』が『春秋』の後に押し込んであります。『春秋』は先ほどお話ししたように経部に属する本です。『漢書』藝文志は経部という言葉を使っていませんが、分類は既にできています。その経部の『春秋』のところに司馬遷の『史記』が突っ込んであるのです。それは歴史書として扱われずに、経書の『春秋』の後にくっついているわけです。なぜこういう処理がされているかというと、歴史書に属する同類の本の数が少なかったからなのです。

対比的な例を見ますと、『漢書』藝文志の中に詩賦という文学作品が一つの大きな分類として立てられています。それは経部と対等の、同レベルの分類として独立しているのですが、実は文学作品は『詩経』を元祖にしていますから、『史記』が『春秋』の後にくっつけられるのであれば、詩賦も『詩経』の後にくっつくのが当然なわけです。しかし、詩賦は『詩経』から独立して、独自に一つの分類を形成しています。それに対して、『史記』は独立の分類を形成することができずに、『春秋』の後におまけとしてくっつけられているという、理論的に言うと不整合が起こっています。

これは、要するに量が多ければ、それで一つの分類を作るし、量が少なければ、どこかほかのところに間借りして押し込んでおくというのが、現実的な目録分類の基本的な原則です。現存最古の目録である『漢書』藝文志の段階で、既にそのような基本的な原理に従って、目録が分類されていたということです。ですから、目録分類が純粋に、理論的に学術源流、学術分類を反映するものではないということは非常に明らかだということにご注意ください。

実例として、お手元に東洋文化研究所の分類目録の総目と、研究所の大木文庫の総目をお配りしています。この二つの目録の関係は、大木文庫の本は『東洋文化研究所漢籍分類目録総目』に全部含まれています。つまり、漢籍分類目録の方は、随分昔になりますが、東洋文化研究所が所蔵するすべての本の目録であるのに対して、大木文庫はその一部分の目録です。ですから、大木文庫の本はすべて『漢籍分類目録』に含まれているのですが、分類はやはり異なっているのです。それはなぜかと言いますと、大木文庫は個人の蔵書で、法制史関係の資料を中心に集めておられた文庫だからです。大木文庫の目録を見ていただきますと、内編・外編に分かれています。外編という部分は現在われわれが一般的になじんでいる、いわゆる四部分類の形で分類されていますが、内編の部分は全く独自の分類がされています。この内編に属する部分は、その後に作りました全体の漢籍分類目録では、基本的にはすべて史部に分類されています。ですから、大木文庫の本を、内編の部分を『漢籍分類目録』で見ますと、すっぽり史部に入るものです。ただし、大木文庫の目録として独自に分類目録を作る場合には、全く独自の分類をそこで作っているということです。これは図書館ではやりにくいことですが、個人の蔵書で、特定の領域に重きを置いたコレクションの場合には、そういう特殊な分類が必要になるということです。

もう一つ、逆の例を申しますと、私が今、北京で整理している余嘉錫という学者の旧蔵書があります。この人は先ほどご紹介した『目録學發微』という教科書も書いた、非常に優れた文献学者ですが、自分の蔵書はそれほどの分量ではありません。そうしますと、分量が少ないので、あまり細かく分類することができない、あるいは細かく分類しない方が使いやすいということになってきます。私の作業としては、東文研の分類などを参考にして分類を調整していますが、本が少ないところの分類は、適宜合併して新たな分類体系を作っていくということをやっています。

東文研の分類について言いますと、これはご存じのように京都の人文研の分類を基にして、多少調整して作ってあります。多少調整してあるというのは、史部の分類が多少増えているということで、これはほかならぬ大木文庫の資料があるからです。つまり、四部分類といった場合、資料が多い場合には細かく分類する必要があって、少なければ細かな分類は不要になります。当たり前の話ですが、そういう本の実情に合わせた分類の調整が必要になるということです。

まとめますと、四部分類というのは中国の伝統的な図書分類ですが、その具体的な分類内容は固定的なものではなくて、あくまでも図書収蔵の実情に応じて、実用的に調整して考えられるべきものだということが、本日私がご説明したかった第二点です。

ようやく四部の話になりますが、ご存じのとおり四部というのは、経・史・子・集という四部分類です。現在では一般に、さらにその後に叢書という分類が付きますので、実際には五部分類でやっている場合がほとんどです。

順番に見ていきますと、まず第一の経部です。研究所の分類目録の総目をご覧になりながらお聞きください。経部というのは経書とそれに関する文献です。経書というのは目録に出ております、易・書・詩・礼・春秋といったものですが、そこにさらに四書のたぐいなどが入ってきます。これは伝統的に最も核心的とされた学術なので、現代の図書分類で哲学が頭に来るのと同様の意味で第一類とされています。『漢書』藝文志の時代から、既にこれは第一類ということになっています。

『漢書』藝文志を見ますと、経部に相当する部分にかなりの分量の本があって、それ以外の分類の内容と比べても、かなり充実した印象を得るのですが、現在の図書館の目録で経部を見ますと、ほかの部分に比べて明らかに量が少ないのです。ですから、時代によって文献の量の変動があって、経部の文献の量は相対的にどんどん下がっているわけです。ただ、経部の文献の歴史的な意味と、それから経部の学術的な体系性の高さということにかんがみて、当面経部が抹消されるということはないだろうと考えています。経部の中の分類はほかの各部に比べても、最も簡明で紛れのない、簡単な処理のできる部分です。私は個人的には経部の文献を研究していますが、文献の整理などが一番やりやすいのが経部です。

その次が史部で、これは歴史資料です。先ほどお話ししましたように、『漢書』藝文志の段階では、歴史資料は『春秋』のおまけとして分類されていますが、その中に『春秋』のおまけとして潜り込んでいたわけです。『春秋』は現在では経部と一般に分類されていますが、その中に『春秋』のおまけとして潜り込んでいたわけです。『春秋』は現在では経部と一般に分類されていまは本当の経典が中心で、歴史資料のようなものは後世に伝えるべき文献とはあまり考えられていなかったということかと思います。時代が後になればなるほど、歴史資料は量が増えていきます。先ほどご紹介した大木文庫の中などには法制史の資料が、随分珍しいものもたくさんあるのですが、それらはすべて史部に入ってきますので、史部はかなりの膨大な量になりますし、同時に細かな分類も各種立てなければならないということになって、随分複雑になっています。大抵、史部の中でどこに入れるかというところで問題が往々にして起こってきます。

四部分類の第三は子部です。これは簡単に言うと、一家の言をなすものを子部という分類に入れてあります。『漢書』藝文志で言いますと、『漢書』藝文志は全体を六分類してありますが、その中の諸子、兵書、数術、方技という四分類が、後世ではすべて子部に属しています。六分類の中の四分類がすべて子部です。これは『漢書』藝文志の段階では、後に子部に属される明確な主張と方法を持った著作が主体であって、そのために、『漢書』藝文志の諸子というのは思想的内容を中心とするものですが、そのほかに兵書、数術、方技といった内容で分類されたものが、大きな分類として出てきたということです。後世では、一方では史部の歴史資料が膨大になってきますし、逆に兵書や数術、方技というのは昔ほど重視されなくなってきますから、全部まとめて子部にしてしまおうというように変わってきたと見ることができます。つまり、子部の文献は『漢書』藝文志の段階ではかなり重要で、いろいろなものが非常に重視されていたのが、後の時代になると相対的に重視されなくなって、子部に押し込んでおけと、まとめて子部に入っているということになっています。

第四の集部は文章を集めたものになっています。今お話ししている四部の大体の状況につきましては、お配りしてあります森賀先生の「漢籍の分類について」という文章をご覧いただくと、簡単な理解を得ていただけると思います。森賀先生は私が個人的にいろいろお世話になっている先生ですが、これは図書館で事務の仕事をされていたときに簡単に漢籍分類についてまとめてみたというものです。専門的な知見をもって書かれたものではありませんが、それだけに、ごく簡単に理解するのに便利なようになっています。一枚で四部分類の大体の状況を説明してありますので、簡単な理解を得たいときに便利と思ってお配りしてあります。集部ですが、集めたものということで、文章を集めたもの。主体は個人の文集です。○○が書いたもの、内容を問わず、その個人が書いたものを集めたものというのが集部となっています。

最後に四部の四つからは外れますが、第五番目として叢書部というのがあります。これは名前のとおり叢書を分類してあるところで、叢書というのは明代以降に盛んに作られるようになり、清代に非常に大量に作られて流通しました。個人で蔵書を整えようという場合、一冊一冊買っていくと大変なのですが、叢書を一つ買いますと、一セットでぱっと多くの内容が簡単にそろうというので、必要な本をそろえるのに便利です。それから、単行本としてはなかなか流通できない本が叢書の中に入って流通するということがありまして、叢書というのは非常に多くなりました。少ない時代には子部にくっつけておくというような処理ができたのですが、やはり量が多くなりますと独立の部類を立てる必要があるということで、実際に所蔵の観点からすると、叢書をばらばらにするということは考えられませんから、やはり叢書で一つの独立の部類ということになっています。

以上、経部から叢書部まで五つの大きな分類で、四部分類というものが基本的に成り立っているということです。ここまでのご説明でお分かりかと思いますが、まず基本的に、これは伝統的な分類ということで、先ほどのご説明でも何度かお話ししましたが、量によって変化があって、それで分類が変わってくるというような実情です。決して理論優先で分類が作られているのではありません。それはやはり図書分類が現実的な利用を第一の目的としているからです。ですから、間違っても目録学の教科書がいうような、学術史を反映するというような学者の説に惑わされてはいけないということです。

このような分類の問題は、さまざまな伝統の概念と、われわれの現在の習慣あるいは観念との間に、あまりにも大きな隔たりがある場合、どのように処理したらいいのかということで、これをどう調整するかというのが現実的な問題です。例えば東文研の目録で史部のところをご覧いただくと、初めが正史類、その次に編年類となっていまして、その下が紀事本末、古史、別史、雑史、さらに載記と続いています。ここまでが第一から第七という第二レベルの分類です。この分類は現在のわれわれの目から見ると非常におかしいのです。

まず正史とは何かと言いますと、簡単に大体のところで言うと、王朝公認の歴史書といったところです。

一つの王朝が滅ぶと、次の王朝が前の王朝の歴史を編さんします。前の王朝がどのようにして興ってきて、どのようにして栄えて、どのようにして滅んでいったのかということを総括するのです。それによって、自分の王朝が取って代わったことを正当化し、その必然性を説明するということをやっていきます。時代が下がるに従って、昔の王朝の数が増えますから、歴代の歴史書が整理されてきます。それで、一セット標準教科書のような感じで歴史書が正史と認められてきています。現在では二十四史という言い方がよく使われています。これが最も基本的な文献ですが、実際にはいろいろな類似の本がある中から、この二四種類だけを正史と認定しているわけです。

ですから、内容の面においては、第五類に分類されている別史類に属する本と、正史に属する本と、基本的に性質が同じものは往々にしてあります。これは実際には使い勝手として非常に具合が悪い。同じような内容のものが、かなり飛んだ間にいろいろな本が入ったような並べ方をされているので具合が悪いのです。なぜかというと、編年類というのは『資治通鑑』という本を頭にして立てられている分類です。『資治通鑑』という本が非常に大事な本だという認定を受けていますので、まず基本的な資料として最も大切な正史、その次に最も重要な歴史書である『資治通鑑』という順番を、価値観によって付けられてしまったがために、同じような内容の別史という本が随分後の方に飛んでしまうというような事情が生じています。

同じような問題はいろいろなところに起きていまして、例えば集部を見ていただきますと、集部の第一類は楚辞類となっています。その次に別集がありまして、その後さらに総集と続いています。楚辞というのは何かというと、これはある意味で一種の総集なのです。つまり、個人の書いたものではありません。個人が書いたものを別集といってあるのですが、楚辞は総集に属するものです。しかし、それが別集の前に来ているのはなぜかというと、楚辞というものが『詩経』に次ぐ文学の始祖として非常に大事なものだとされているからです。従って、このような価値観によって分類の順序がおかしくなっているようなところがあります。これは伝統的にそういう処理がされているわけですが、現代のわれわれの使い勝手から見ると具合が悪いということで、こういう問題はどのように処理したらいいかというところで、われわれの判断が問われるわけです。

私個人の現在の経験で申しますと、例えば今お話ししました史部の例で言いますと、正史類という概念は現在も非常に明確に意識されています。つまり、正史二十四史というものがそれ独自に一つの類を形成していると考えられますので、やはりこれは独立させる必要があります。その後が編年類となっているのは、『資治通鑑』に対する過度の評価が原因ですので、むしろ別史のようなものを正史の後に持ってくるというような調整が可能なわけです。

さらに、集部について言いますと、楚辞を特別扱いするというのは、文学の研究者ならそうしたいという考えがあるかと思いますが、私などから見ますと、あまり意味がないと考えられますので、楚辞は総集類の中に入れてしまいます。総集類は最初に文選があって、各代があってと並んでいますが、総集類の種目を見ますと、文選、各代、各地、家集、故旧、詩文とあります。詩文というのは、実際に総集に入っているものは全部詩文なのですが、それ以前の各代、各地、家集、故旧というのは、編集基準が内容にあるというものです。つまり、ある時代の作品を集めたものであれば各代のところに入れるし、ある特定の地域の作者のものを集めたものであれば各地のところに入れられるわけです。その編集の、最も明らかな特徴を根拠にして分類しているのですが、詩文之属のところに入っているものは何かと言いますと、『文苑英華』というような本が入っています。『文苑英華』はそれ以前の各時代の有名な代表的な優れた文学作品を集めたものですが、この『文苑英華』の編集体例というのは、実は『文選』をそのまま踏襲しているわけです。ですから、『文選』と『文苑英華』は並んだ方が望ましいというような判断ができます。

ですので、このような伝統的な観念と現在のわれわれの感覚との間で、どのように調整をつけていくかというのが現実的な漢籍分類の問題点で、実際に分類しなければならないときに最も考えなければならないのがここなのです。どこか一つの分類目録の体系を持ってきて、それに当てはめていけばいいというのであれば簡単ですが、ある一つの収蔵コレクションに対して目録分類を付けていくという場合には、伝統的な意味を考えつつ、さらに現実的な利用の便を考えながら、分類を調整していく必要があるということです。

私どもはずっと漢籍目録データベースや全国漢籍データベースをやってきておりまして、現在では日本全国の目録を統一的にデータベースで扱うということをやっています。その場合には、いろいろなところの所蔵のものを一度に扱うということですから、できるだけ大きな所蔵の目録体系が適合的ということになります。東洋文化研究所、あるいは京大の人文研などの目録は、量が多いので分類が詳しいという特徴がありますので、その分類に当てはめていただくということを小さな図書館にはお願いしています。ですから、大きな目録に入れる場合には大きな目録体系に合わせて分類を付けていただくことになりますが、自分のところのコレクションで小規模のものについて目録を作るという場合には、その分類は実態に応じて、どのような本が集中的に集められているか、どのように分類したら使いやすいかということを考えて調整していただくことが望ましいと考えております。

つまらない話で随分お時間を取りましたが、ご清聴どうもありがとうございました（拍手）。

質疑応答

（司会）　橋本先生、ありがとうございました。それでは、質問をお受けいたします。質問がある方は手を挙げてください。

（質問者1）　集部の別集類のところで十一番目に近人之属というのがあります。先ほど大木先生のお話では、辛亥革命のところで切って分けるのだというようなお話がありました。この辺はどんな感じで、辛亥革命後の人なのだろうと思うのですが、何か目安みたいなものはあるのでしょうか。

（橋本）　一般的にわれわれのやっている習慣で言いますと、内容的に、あるいは体裁として清代以前のものと変わらないという場合には、漢籍目録の方に入れるようにしています。つまり、実際の利用を考えた場合、近代の人が書いたものであっても、内容が古代だという場合があります。その場合は、やはり一緒にしておいた方が使いやすいということになっています。もちろんこれは厳密な基準があるわけではありませんが、実情として、近代に清代以前の人と同じような文章の書き方をした人たちがたくさんおりますので、そのような書物については漢籍目録の中に入れておくという、臨機応変の、便宜的な措置をしているわけです。

同じような例ですと、例えば和刻本というような、あるいは準漢籍といっているような日本人が書いたものの中にも、漢文で書いて、中国の人が見てもおかしくないというものの場合は、漢籍の中に入れるという処理をしています。それは、それだけ独立させて一つの分類にならないということです。もし近代の人が書いた少し古い文体のものだけで一つの分類というぐらいのものであれば、それを独立させようとも考えますが、数量的に限られて、それ以前のものと内容的に、性質的に重なってくるというところで、そこに押し込めておくという処理をしております。

（質問者2） 漢籍に対して、無理矢理NDC（日本十進分類法）を押しつけていった場合、四部分類と比べてどちらが細分化できますか。

（橋本） そのものでは考えたことがないので、ちょっとどうでしょうか。図書主任にお伺いしたいと思いますが。

（司会）　そんな難しい話を（笑）。大木先生も分類は詳しいので。

（大木）　漢籍だと五つ、〇部、〇類、〇〇之属、それからもう一つあって、四つぐらいかな。

（質問者2）　属の下にもあるのですか。

（大木）　ええ、もう一つあるのです。部とか類とかいった名前のない分類を作れる場合もありますので、少なくとも四けたの数字で、やろうと思えばできるということです。ただ、これは今の橋本先生のお話にもあったように、ある一つのところで本が多くて、それ以上細かく分ける必要があったときに、その四けた目が出てくるのであって、一けただけでは済まないけれども、二けた目ぐらいで済んでしまうということは、漢籍の場合はありますよね。

（橋本）　四部分類はNDCのような形で、どこかで公認の分類表というのは作られておりません。ですから、それぞれ勝手に作っているというのが実情ですので、分けたければ、幾らでも分けられるということになるかと思います。

（質問者3） 分類というのは、例えば仏教などは大蔵経を作ると、当然目録を作るのです。順番があるではないですか。それは時代時代で順番が変わるのです。それは価値観で変わってきているのです。例えば、今、僕らが一般的に使う大正大蔵経というのは、一番前に阿含経という原始仏教系の経典を置くのです。あれは宋代以降の目録、それ以前からの目録始まって以来のことです。それはなぜかというと、それまでの仏教の価値観を一挙に変えて、科学的というか、ヨーロッパ的な考え方で編みかえたのです。

四部分類というのは、そういう意味ではある価値観を示しているのではないのですか。そういう価値観というのは一貫しているのですか、それとも歴史的に大きく変わる時期があるのですか、あったのですか。あるいは、これからそういう共産党のものを一番前に置くとか、そのような劇的な変化は中国であり得るのですか。

聞きたいのは、歴史的にそういう分類法として、中国文化の歴史的価値観はどう変わってきたのか、現代的にはどうなのか、将来的にどういうことがあり得るのかということを聞きたいのですが。

（橋本） 歴史的に分類の変化を見ますと、私が個人的に判断しているわけではないのですが、一般にいわれているのは、文献の変化を目録が追っているという形なのです。つまり、分類の変化はここを強調したいという意味で、こういうところで分類を前に持ってくるというような形よりは、この分野の本がだんだん増えてきたので、それを一つの分類にしておくというような、現実に対する後追い的な対処で変わってきているというのが大勢だと思うのです。つまり、先ほどの例で言いますと、子部とか文集というものが独立してくるというのも、いずれも先に、現実的に本がたくさん出てきてしまうということです。それは社会的に重要視されているということで、そこを独立させるというような形かと思います。

価値判断の前後というところでは、先ほど申し上げました経部が前に来る、それから『資治通鑑』が先に来る、あるいは楚辞が先に来るというのがあって、これは将来的に否定される可能性はあると思うのですが、それに代わって新しい価値基準で並べ替えるというのは多分出ないと思うのです。なぜかというと、私が本日お話ししたかったことなのですが、四部分類は基本的に伝統的な価値観、伝統的な分類概念でやっていくということですので、共産党がこういう形のものを出したいということで表に上げてこようと思っても、なかなかそれでは実用にならないという反応になるのだと思います。

（質問者3）　つまり、これは実用的なことで、文化的・価値的な何かを示していないということですか。

（橋本）　少ないと思います。

（質問者3）　逆に経部が一番前に来るというのは、これでほぼ固定されているということになるのですか。

（橋本） 形骸化していますが、古典文献がこれ以上増えないという現状においては、そういうことになると思います。これから新しい古典というのは出てきませんので。

（司会） では、どうもありがとうございました（拍手）。

工具書について

平勢隆郎

平勢でございます。本日は工具書についてお話しいたします。実はこの話をお引き受けしたときに、何をどのようにお話ししたらいいかと多少迷ったのです。多分ここにいらっしゃる方々はもともと漢籍に興味がおありの方が多いだろう、しかしながら、まだこれから漢籍とはどういうものかをいろいろ考えてみたいという方もいらっしゃるだろうと考えました。どういうところからお話を切り出したらいいかと思っておりましたところ、たまたまわが女房殿から「あなた、そろそろ部屋の中をちょっと掃除しなさいよ。ちゃんと整理して、これから十年間どの本を使って、どの本はもう要らないか、そのくらいはちゃんと考えなさい」と言われました（笑い）。そこで、確かにこれは絶対使わないとか何とかと仕分けしながらやっておりましたら、昔買った本が出てきました。それが『文史哲工具書簡介』（南京大学図書館・中文系・歴史系編写組編、天津人民出版社、一九八〇年）です（①）。中国の「文史哲」、つまり文学、史学、哲学の

文史哲工具书简介

南京大学 图书馆 中文系 历史系 编写组编

天津人民出版社出版
（天津市赤峰道124号）
天津新华印刷一厂印刷 天津市新华书店发行

开本 850×1168毫米 1/32 印张 24 1/4 插页 2 字数 542,000
一九八〇年九月第一版
一九八〇年九月第一次印刷
印数 1—14,000

统一书号：17072·2
定价：2.70元

目录

第一章 绪论

第一节 工具书的性质和作用 ……（1）
第二节 中国工具书的源流 ……（4）
第三节 工具书的类型 ……（7）
第四节 工具书的内容 ……（13）
第五节 工具书的编排方法 ……（14）

第二章 查文字

第一节 简述 ……（24）
第二节 常用字典 ……（27）
第三节 古代字典 ……（39）
第四节 形体字典 ……（57）
第五节 辨正字汇 ……（67）
第六节 韵书（附诗词曲格律） ……（72）

第三章 查词语

第一节 简述 ……（100）
第二节 常用词典 ……（102）
第三节 古代词典 ……（120）
第四节 虚词词典 ……（131）
第五节 成语词典 ……（138）
第六节 方言俗语词典 ……（142）
第七节 专科词典 ……（157）
第八节 专书词语 ……（170）

①—1

第四章 查篇名

第一节 简述 ……（197）
第二节 马克思主义经典著作篇名索引 ……（198）
第三节 解放前报刊综合性索引 ……（204）
第四节 建国以后报刊索引 ……（210）
第五节 语言文学专题篇名索引 ……（214）
第六节 史学专题篇名索引 ……（231）
第七节 古籍篇名索引 ……（252）

第五章 查书刊

第一节 简述 ……（258）
第二节 马克思主义经典著作书目 ……（260）
第三节 书目汇编 ……（265）
第四节 艺文志、经籍志 ……（268）
第五节 地方艺文志、经籍志 ……（302）
第六节 学科目录——语言文学 ……（320）
第七节 学科目录——史地 ……（351）
第八节 学科目录——哲学 ……（371）
第九节 图书提要目录、书评索引 ……（372）
第十节 考辨伪书目录 ……（387）
第十一节 现代全国出版总书目 ……（394）
第十二节 古籍版本与目录 ……（397）
第十三节 丛书目录及子目索引 ……（404）
第十四节 善本书目及题记 ……（413）
第十五节 近现代藏书目录 ……（446）
第十六节 报刊目录 ……（456）

第六章 查年代

第一节 简述 ……（468）
第二节 中、西、回三种历法的换算 ……（470）
第三节 中西历年月日的检索 ……（484）
第四节 年号纪年 ……（508）
第五节 干支、生肖、星岁纪年及其他 ……（523）
第六节 史事年表 ……（532）
第七节 专科年表 ……（541）

第七章 查地名

第一节 简述 ……（552）
第二节 地名辞典 ……（553）
第三节 地名索引 ……（557）
第四节 地名沿革 ……（562）
第五节 地图 ……（580）

第八章 查人物

第一节 简述 ……（595）
第二节 人名辞典 ……（597）
第三节 传记索引 ……（607）
第四节 生卒年表 ……（635）
第五节 同姓名录 ……（641）
第六节 别号、笔名 ……（645）
第七节 谥号、史讳 ……（652）

第九章 查事物

第一节 简述 ……（657）

①—2

第二节　年鉴、手册 ……………………………………(658)
第三节　类书 ……………………………………(665)
第四节　事物源流考 ……………………………………(696)
第五节　历代文物典章制度 ……………………………………(703)
第六节　历史图录与事物图谱 ……………………………………(719)

书名索引

4

①―3

工具書について、いろいろ初歩的な説明が展開されております。まずはこれを皆さんにお示しして、そして、私の頭の中にある、ある辞書を紹介しようかと思いました。先回りして言うようですが、実はわが国には『大漢和辞典』という全部で十二冊、索引が一冊で計十三冊の辞書がありまして、それを上手に使うとこんなことができますという話をこれからしようと思います。それが、工具書についてということで、本日ご説明しようとする一つです。

それから、漢籍を読むということになりますと、日本人の場合、二つあるわけです。一つは、訓読で漢籍を読んでいくという伝統的な手法です。もう一つ、これは遣唐使の時代からそうだということにもなりますし、途中少し衰えて、近代はまたそれが主流になったように思うのは、要するに中国語で読むということです。私に託されたのは、中国語で読むというやり方ではなく、漢文の訓読であろうと思いましたので、では訓読にはどのように取りかかったらいいだろうかというところをお話ししようかと思ったわけです。これも先走りして言うようですが、わが国に、いろいろなシリーズがありますけれども、冨山房『漢文大系』等がありますので、それらを上手に使うとこんなことができるというお話をしようかと思います。

さて、最初の掃除の話にもう一回戻るのですが、掃除をしておりましたら、こんなものも出てきました。

お手元の資料に番号が打ってありますが、①②③④⑤⑥、ちょっと○が見えないものもありますけれども、順番にずっと続いています。この②—1と②—2をみると、「何これ？」という話になりますが、こういう場には一見そぐいそうもない官報です。これはわが国の訓読について、こういうおおよその取り決めをするというものが載った明治四十五年三月二十九日の官報なんです。何でこんなもの持っているのかというと、実はこれは私が調べたというような高尚なものではなく、やはり掃除すると出てくるのですね。封筒には何月何日入手と書いてありましたが、誰からとは書いてありませんでした。ただ、そのころの私の先生であった松丸道雄先生と何らかのやりとりをしたような記憶がよみがえってきました。そこで、先日、あらためて松丸先生におうかがいしたところ、記憶がないし、官報も先生から手渡されたものではないとのこと。どのような経緯で、どのようなお話と一緒に、どなたから頂いたのかということが、どうも曖昧模糊として思い出せません。いずれ思い出すといいんですがね。その官報をずっと見てみますと、②—2の方の上段にある「第三」というところに○が付いていて、下の方にまた丸でずっと囲ったところがあって、手書きで「誤り」と書いてあります。これは私の書き入れではないわけですが、この誤りとはどういう意味かということもついでにお話ししようかと思います。これが本日のお話、それから、ちょっとした脇道です。

では、最初に戻りましょう。①—1～①—3に、先ほどご紹介した『文史哲工具書簡介』という本の目次を載せておきました。これが中国において、文史哲（文学、史学、哲学）を読む人はこういうものを工具書として心得ておきなさいというものになります。

注意

第一 左ノ場合ニハ返點ヲ施サス

(一)所謂(いはゆる)

(二)加之(しかのみならず)

(三)就中(なかんづく)

(四)云爾(しかいふ)

第二 使、教、遣等ヲ再讀スル場合ニハ初讀ノ符號ヲ施サス

能使任者直。

添假名法

第一 送假名ハ左ノ三項ノ場合ヲ除ク外ハ國語調査委員會ニテ定メタル送假名法ノ本則ニ準據ス

(甲)受身ノ助動詞ニ該當スル漢字ニハ全部假名ヲ附ス

(一)爲人殺。

(二)以讒不見信。

(三)周武子之所以見殺於齊也。

(乙)也ヲ「ヤ」、者ヲ「ハ」、與ヲ「ヨリ」ト訓スル場合ニハ各々全部假名ヲ附シ由、自、從ヲ「ヨリ」ト訓スル場合ニハ最後ノ一音ヲ附ス

(一)由也果。

(二)韓信者淮陰人也。

(三)禮與其奢也寧儉。

注意

第一　已矣哉又ハ已焉哉ノ已ヲ「ヤンヌル」ト讀ミ可謂ノ謂ヲ「イヒツ」ト讀ム場合ハ從來ノ習慣ニ從フ

讀方

第一　地名人名等ニシテ從來特殊ノ讀方アルモノハ之ニ從ヒ且成ルヘク地理歷史科ニ於ケル讀方ト聯絡ヲ保タシムヘシ

酈食其　尼父　可汗　冒頓　忽必烈　鐵木眞　明　清　上海　西藏

僕射ノ類

第二　從來吳音等ニシテ讀ミ習慣アルモノハ之ニ從フ

五經　地圖　行宮　杜撰ノ類

第三　國語ニヨリテ音ヲ異ニスル文字ト雖モ混用久シクシテ習慣トナレルモノハ之ニ從フ

射利　畜生ノ類

正音　セキリ　キクシヤウ

慣用音　シヤリ　チクシヤウ

第四　康熙字典ノ音ト異ナリタルモノト雖モ慣用ノ久シキモノハ之ニ從フ

不　浮　派　話　輸　箚　茶ノ類

正音　ホフ　ヒウ　ハイ　クワイ　シユ　タフ　タ
　　　ヒウ　ハウ

慣用音　フ　フ　ハ　ワ　ユ　サフ　サ　チヤ

第五　意義ヲ害セサル限リ助詞ハ之ヲ省キテ讀ムヘシ其ノ例左ノ如シ

(一)夫子之道、忠恕而已矣。

(二)汝得人焉爾乎。

(三)子曰、已矣夫、又也狂也。

ざっと見ていきますと、第二章のところに「査文字」とあります。これは、文字について少し知りたければこんなものがあるよということで、古代の字や、字の形、いろいろありますが、とにかく字というもの、漢字についていていろいろ考えようとするのだったら、このような辞書をひもときなさいというものです。この中には、甲骨文や青銅器の銘文、陶器に刻されている文字などを調べるにはこんな字典があるというようなものもあります。一番古いところでは『説文解字』なども紹介されています。

ちょっと自己紹介ならぬ先生の紹介ですが、東洋文化研究所では甲骨文字の字はこのようにまとめられますという本を出しています。わが研究所の名誉教授、松丸道雄先生が現役のときに整理出版された、甲骨文字についての字典です。こんなものもありますという一つのご紹介で、こういうものはインターネットではなかなか調べられないというか、本当はできるのですが、すみません、今日は用意しませんでした。私があるプロジェクトに絡んで、実はこの一部が見られるようなものを作ってはありますが、まだ内緒で少し見られるような形にしかしていないので、元になる本をこの辺に置いておきますので、後で休み時間にご覧ください。今日はこれについてはこのくらいにしておきます。

その次が言葉です。言葉をどのように調べていったらいいかということで、いろいろな時代を勘案したり、熟語をどのように調べていったらいいかというような関心から、このような辞書を見なさいというものがあります。その次に四章、こういうものを見ますと、最初に出てくる「馬克思」と書いてあるのはマルクスです。お国柄ですね。このような経典、著作についてはこういう索引があるとか、このような論文、本を探すのだったらこの索引があるとか、そういうものです。それから、書物について調べるのだったら、こんな書目、目録がありますというのが、その次です。ですから、これは「目録」と言い換えて、われわれは探せばいいわけです。それから、第六章、年代というのがあります。これも今日は持ってまいりませんでしたが、私は自分の専門にしている春秋戦国時代についての年代記録がどのように配列できるかという一覧を作っています。そんなものもここにかかわる。その次は、地名についてはこんなものをひもときなさいという地名辞典のたぐいで、八章は人物辞典です。そのほか、年鑑や類書などがその後に紹介されています。

これは逐一ご紹介いたしません。いらした方々に「これだけのものがあります。これだけ読んで、これだけ見て、こういうものを見ながら漢籍を読んでください」というようなことは、時間の都合上無理だと考えました。また、期待される内容にもそぐわないだろうとも思いました。とはいいながら、日本には実は今言ったようなものがぎゅっと凝縮されているような辞書があるんですね。それが先ほど名前をちょっと出しました『大漢和辞典』という大修館書店から出ている辞典です。索引も入れて全十三冊ですからとても多いと思うのですが、その中に今言ったようないろいろな情報がぎゅっと凝縮されて入っています。ですから、漢籍についてちょっと読んで、疑問が出てきた、この言葉についてはほかにどんな情報があるのかというようなことを調べようと思ったら、『大漢和辞典』をひもとかれるのがいいだろうと思います。

ところが、です。そもそも「ところが」などと言い出すと、実は後々ろくな話が続いてこないのですが、この『大漢和辞典』は十二冊もありますから、字に行き着くのが大変なのです。皆さまの周囲にもさまざまなタイプの方々がいらっしゃると思いますが、ちゃんと工夫してこうすればいいのだというように、ここのところを押さえて記憶しましょうというタイプの人もいるだろうし、中には「いや、そんなものは全部覚えてしまえばいいんだ」とか何とか言って、「何々の字？　それは何巻の何ページ」という人もいると思います。しかし、こういうことはなかなかできない。そこで、『大漢和辞典』を目の前にして、ある字に行き着くために、いろいろと考え出された方法があります。

皆さんがよく目にされるのは、一つには部首から引く索引です。③―1ですが、これが部首索引です。ここに部首がずっと並んでいまして、その下に1とか2とか書いてあります。これが『大漢和辞典』の1巻目、2巻目という意味です。ずっと行きますと、最後の方に12巻まであって、何ページからその部首が始まるということなどがわかります。だから、部首が分かればそこに行って、残りの画数を出して、そして何画とやるとその字が出てくるわけです。熟語ですと、その字が第一字目にある熟語がずらっと並んでいますので、そこでその熟語を引いて、この熟語はこういう意味だったのかと知ることになります。

そこまでは普通の漢和辞典と何ら変わらないわけですが、先ほど申し上げましたように、実はこの『大漢和辞典』の中には相当いろいろな情報が入っています。その情報をどのようにご紹介しようかと考えて、いろいろ材料をここにお示しいたしました。

その前に、もう一つ言っておきましょう。先ほど言いましたように、どのようにその字に行き着くかということで、割に新しいけれども結構古くからある方便として、四角号碼というものがあります（③―2）。これは、四隅の形を番号化して、漢字を分類したものです。簡単に最初の部分だけ出しておきましたが、このような説明がずっと続くので、慣れるまでには少し時間がかかります。おおよそこんなものだという

部首索引

この部首索引ではその所屬の巻數(洋數字)と各巻毎の頁付(漢數字)とを示す。

一畫

部首	巻	頁
一	1	一
丨	1	二八六
丶	1	三一〇
丿	1	三一八
乙	1	三五四
亅	1	四〇九

二畫

部首	巻	頁
二	1	四一六
亠	1	五二九
人	1	五五六
儿	1	九六九
入	1	一〇三七
八	2	一
冂	2	一一〇
冖	2	一二三
冫	2	一三四
几	2	一六四
凵	2	一七一
刀	2	一八八
力	2	三四〇
勹	2	四一三
匕	2	四三六
匚	2	四六二
匸	2	四七三
十	2	四九九
卜	2	六〇六
卩	2	六二九
厂	2	六四五
厶	2	六六八
又	2	六八三

三畫

部首	巻	頁
口	2	七〇七
囗	3	一
土	3	一〇八
士	3	二九九
夂	3	三〇二
夊	3	三〇三
夕	3	三一七
大	3	三三六
女	3	六三三
子	3	七四六
宀	3	八五五
寸	4	一
小	4	四六
尢	4	六三
尸	4	一〇三
屮	4	一七六
山	4	一八二
巛	4	二六六
工	4	三〇四
己	4	三一二
巾	4	三二四
干	4	三四三
幺	4	三五七
广	4	三六七
廴	4	三八三
廾	4	三九三
弋	4	四〇三
弓	4	四〇七
彐	4	四三六
彡	4	四七四
彳	4	四八六

四畫

部首	巻	頁
心	4	五二七
戈	5	一
戶	5	五五
手	5	七六
支	5	四三五
攴	5	四四四
文	5	五四〇
斗	5	六〇七
斤	5	六一八
方	5	六三四
无	5	七一二
日	5	七一四
曰	5	九三三
月	5	一〇一〇
木	6	一
欠	6	六二四
止	6	六五三
歹	6	七二三
殳	6	七三三
毋	6	七五二
比	6	八〇〇
毛	6	八〇九
氏	6	八三三
气	6	八四五
水	6	八六七
火	7	三五九
爪	7	五四四
父	7	五五八
爻	7	五七二
爿	7	五七九
片	7	五八四
牙	7	六〇五
牛	7	六二〇
犬	7	六六七

五畫

部首	巻	頁
玄	7	七五五
玉	7	七八〇
瓜	7	九六六
瓦	7	九八四
甘	7	一〇一七
生	7	一〇二七
用	7	一〇四四
田	7	一〇五二
疋	7	一一〇四
疒	7	一一二四
癶	7	一二三三
白	8	一
皮	8	九三
皿	8	一〇三
目	8	一一五
矛	8	二六九
矢	8	二七六
石	8	二九九
示	8	四二四
禸	8	五二四
禾	8	五三二
穴	8	六二九
立	8	六八六

六畫

部首	巻	頁
竹	8	七四〇
米	8	八三三
糸	8	九三三
缶	9	一
网	9	九
羊	9	四九
羽	9	九五
老	9	一四三
而	9	一六六
耒	9	一七一
耳	9	一八三
聿	9	二二七
肉	9	二四六
臣	9	三六六
自	9	四〇三
至	9	四一三
臼	9	四三六
舌	9	四六二
舛	9	四七三
舟	9	四八六
艮	9	五〇〇
色	9	五一〇
艸	9	五一五
虍	9	一〇四七
虫	10	一
血	10	一二九
行	10	一三三
衣	10	一七〇
襾	10	二三九

七畫

部首	巻	頁
見	10	二六六
角	10	三一三
言	10	三四〇
谷	10	六二八
豆	10	六三七
豕	10	六四四
豸	10	六六八
貝	10	六八四
赤	10	八〇九
走	10	八二三
足	10	八四六
身	10	九六八
車	10	九七七
辛	10	一〇三三
辰	10	一〇四九
辵	11	一
邑	11	一三〇
酉	11	二四七
釆	11	四〇四
里	11	四一三

八畫

部首	巻	頁
金	11	四三五
長	11	四四三
門	11	六六八
阜	11	六八三
隶	11	七七九
隹	11	七九三
雨	12	一
青	12	九八
非	12	一一三

九畫

部首	巻	頁
面	12	一四〇
革	12	一四九
韋	12	一八三
韭	12	二一七
音	12	二一九
頁	12	二二〇
風	12	三二四
飛	12	三四〇
食	12	三五二
首	12	四四八
香	12	四五五

十畫

部首	巻	頁
馬	12	四六八
骨	12	五八九
高	12	五九八
髟	12	六〇五
鬥	12	六一八
鬯	12	六二四
鬲	12	六二九
鬼	12	六三六

十一畫

部首	巻	頁
魚	12	六四八
鳥	12	七五九
鹵	12	八四四
鹿	12	八六四
麥	12	八七七
麻	12	八八九

十二畫

部首	巻	頁
黄	12	八九六
黍	12	八九七
黑	12	一〇〇六
黹	12	一〇四〇

十三畫

部首	巻	頁
黽	12	一〇四三
鼎	12	一〇四九
鼓	12	一〇五四
鼠	12	一〇六四

十四畫

部首	巻	頁
鼻	12	一〇七四
齊	12	一〇七九

十五畫

部首	巻	頁
齒	12	一〇九五

十六畫

部首	巻	頁
龍	12	一一一三
龜	12	一一五一

十七畫

部首	巻	頁
龠	12	一一五九

四角號碼索引

四角號碼索引とは，漢字の四すみの筆形・筆畫をみて，それぞれを豫め約束されてゐる0から9までの番號におきかへ，漢字一字を四桁の數にかへて配列してゆく方法である。

いかなる筆形・筆畫にいかなる番號を與へるか，また漢字の四隅なるものをいかに規定するか，等に關する一般の規則は次の通りである。

（本書で採用した下記規則は，中國において近來一般に通行するものによつた。これは，戰中戰後にかけての所謂「第二次改訂」とは小異があるが，舊來のものより，より合理化されたもの，と考へられる。）

第1條　筆形・筆畫を十種に分け，0から9までの數字番號によつてそれぞれを代表させる。

番號	筆名	筆形	擧例	說明
0	頭（點一 ナベブタ）	亠	言 主 广 疒	獨立の點と獨立の横線とが結合したもの。點と一と合したもの，いはゆるナベブタ形である。
1	横（ヨ　コ）	一 ㇀ 乚 ㇂	天 土 地 江 元 風	横線を本體とし，左下からのハネ（地,江の左下隅）や，カギハネ（元,風の右下隅）を含む。
2	垂（タ　テ）	丨 ノ 亅	山月千則	垂直のタテ線（丨亅）を本體とし，右上からのハネ（ノ）を含む。
3	點（テ　ン）	丶 ㇏	宀 礻 冖 厶 之 衣	點と捺（ヒツパリ）。辶の末筆もこれである。
4	叉（十 交錯）	十 乂	草 杏 皮 刈 大 封	二線が交錯するもの。
5	插（ヌキ〔貫〕 ツラヌキ）	扌	扌戈申史	一線が他の二線以上を貫いてゐる場合。中・羊・書などの中央タテ線もこれである。
6	方（シカク ケタ〔方〕）	口	国 鳴 目 四 甲 由	よすみが揃つてゐる方形。（皿などはこれに含まれない）
7	角（カド カギ）	㇕ 厂 ㇁ L 𠂆 ㇇	羽門灰陰 雪衣印冗	四隅のいづれにあるを問はず，縦横の二線が接してカド・カギを作るもの。
8	八（ハ　チ）	八 丷 人 𠂉	分頁羊余 火全足午	八の字とその變形。
9	小（シヨウ）	小 ⺌ ⺍ ⺗ 忄	尖糸粦木 忙	小の字とその變形。

9	瀵	7	354
3519_0	沫	6	1004
	沬	6	1004
	洙	6	1092
	涞	6	1101
2	涑	6	1088
3	溸	7	170
	潔	7	344
4	溱	7	168
	滐	7	182
6	凍	2	150
	凍	2	157
	涷	6	1190
	湅	7	89
	湅	7	5
	漂	7	122
3520_0	袚	10	181
6	神	8	426
	神	8	463
	衶	10	187
	袟	10	210
3521_7	襳	10	257
8	禮	8	501
3522_7	袇	10	183
	祔	8	428
	袝	10	201
	裙	10	237
	褸	10	264
	瀞	7	328
	襛	10	265
	襺	12	671
3523_0	祑	8	426
	袪	10	181
	袂	10	198
	祑	8	427
	祩	8	439
	袾	10	204
	袟	10	204
	褳	10	265
*	襖	10	275
2	襖	10	210
	褤	10	230
	禯	8	511
	襛	10	269
	襶	10	279
8	襀	10	275
9	襚	10	261
3524_4	褸	10	242
	禮	8	495
	褸	10	257
7*	袡	10	204
	(3525_7)		
*	褠	10	252
	(3525_7)		
3525_7	袡	10	204
	褠	10	242
	褠	10	252
3526_0	袖	8	427
	袖	10	202
6	禮	8	495
	襘	10	258
9	襎	10	279
3527_7	禬	8	496
	褡	10	261
3528_1	褳	10	232
6	襀	10	258
	襀	10	266
	襀	10	267
3529_0	袾	8	438
	袜	10	204
	袜	索	1109
	祩	8	469
	袾	10	210
2	褲	10	209
	襋	10	266
4	襟	10	279
6	裌	10	228
3530_0	进	索	1107
	遈	11	25
	逮	11	39
*	逩	11	45
	(3030_4)		
	連	11	87
	連	11	78
	逮	11	109
1	迍	11	4
	迍	11	5
2	迊	11	5
	迻	11	17
	逋	11	100
	逳	11	101
	邁	11	162
3	迭	11	5
	迭	11	22
	迭	11	21
	逮	11	90
	逮	11	89
4	遱	11	149
	遵	11	162
	遱	11	203
	邋	11	208
5	遘	11	146
6	迧	11	15
	迪	11	19
	迪	11	20
	迪	11	45
	造	11	71
	遄	11	101
	遭	11	167
	遭	11	166
	遭	11	192
	遭	11	203
	遭	11	210
7	遣	11	161
	遣	11	160
8	逮	11	90
	遺	11	166
	遺	11	188
	遺	11	180
9	逨	11	28
	迷	11	45
	速	11	71
	速	11	70
3533_3	遫	4	1165
3560_1	礔	8	396
3570_0	讲	索	1106
3590_4	染	6	342
3601_0	覞	10	325
3610_0	汩	6	937
	汩	6	937
	凅	2	149
	沺	6	1024
	洇	6	1037
	洇	6	1037
	泗	6	1037
	洳	6	1038
	泊	6	1040
	泗	6	1055
	洎	6	1072
	洄	6	1081
	洇	6	1082
	洶	6	1086
	洎	6	1086
	洳	6	1116
	涠	6	1137
	凅	2	150
	涃	6	1182
	洄	6	1194
	涵	6	1194
	涸	7	5
	湘	7	28
	溜	7	88
	溷	7	89
	湎	7	89
	湘	7	124
	湘	7	129
	溷	7	170
	溷	7	189
	漍	7	211
	澴	7	282
1	皀	8	86
3	灃	7	967
4	埕	3	236
	堲	3	237
7	盪	8	150
3611_0	况	1	525
	况	2	144
	況	6	1035
	泹	6	1081
	浣	6	1141
	涀	6	1180
	洦	索	1054
	澫	7	10
	覞	10	329
	覞	10	331
	瀙	2	164
	瀙	7	329
	瀙	7	337
1	浥	6	1147
	浧	6	1195
	混	7	52
	溾	7	178
	滉	7	179
	潕	7	302
	灑	7	329
2	湿	7	147
	湿	索	1109
	濕	7	189
3	溾	7	172
4	浧	6	1082
	涅	6	1144
	浬	6	1149
	涅	6	1182
	湟	7	135
	湼	7	136

ご紹介だけしたいと思いますが、0というのは、形としてはナベブタで、1が横棒、2が縦棒、3が点です。4が十字、5がくし刺し、6は囲み、7は角、8が八の字、9が小の字。こういうもので数字化して、最初に四隅の、真ん中ですと真ん中で取ってしまいますから、あと残りは0と。それから、ナベブタでも0、残りが0。ないものが0で、あとは、ここにあった0～9までの数字を並べていきます。それを上から、左上、右上、左下、右下というように数字化いたします。

具体的には、もう一度一ページ戻っていただいて、③―3ですね。そこに四角号碼がこのように並んでいるという一例を挙げておきました。ですから、ここに具体的に出ている漢字が、例えば3525だったら、3、5、2、5というように、左上、右上、左下、右下と数字化できるのであります。ちょっとこれは気にしなければ気にしなくていいというか、気にすると時間を食ってしまうので、あまり気にしなくてもいいのですが、小さな字がありますね。右下のちょっと上です。右下の筆画の上に、おおよそ字の右側の真ん中ぐらいですが、それがどういう筆画があるかを数字化したもので、そうすると、同じ字がずらっと並んでいてもさらに細分化できるわけです。

あまり気にしなくてもいいと言いましたのは、この四角号碼は『大漢和辞典』も採用しているし、それから『新華字典』という中国語の辞典でも採用していますが、採用した編集者ごとに数字化した結果が若干違うのです。ですから、複数の辞典を使っていると頭の中が若干混乱してきて、「あれ、出ていないや」というようなことになります。気が短いとそこでだんだんいらいらしてきて、やはり総画索引にしようとか、和訓で引こうとか、「そっちの方が早かった」とか、ぶつぶつ言いながら引くことになります。私は時々ぶつぶつ言って引いておりますが、そういうもので、複数知っていると、そのときに勘所を働かせながら早く字に行き着けます。早く字に行き着けると、漢籍の何か知りたい情報を得るときに、あまり不便を感じることなく、『大漢和辞典』を引くことができます。

話を先へ進めたいと思いますが、『大漢和辞典』でどんな情報が得られるのでしょうか。それについて用意したようなところもあるのですが、これも訓読の問題です。ちょっと先にお話しすることにかかわるのですけれども、②—1と②—2は官報です。少々見にくいですけれども、これを読んでみますと、「漢文教授ニ關スル調査報告」とありまして、「文部省ニ於テ曩ニ文學博士服部宇之吉外十八ニ漢文教授ニ關スル事項ノ取調ヲ囑託セシカ今般漢文ノ句讀、返點、添假名（送り仮名）、讀方ニ關シ左ノ通取調ヘタル旨文部大臣ニ報告セリ」。この中に、服部宇之吉という人の名前が出てきますが、この方が中心になって、先ほど名前を挙げた『漢文大系』というシリーズも出来上がりました。この服部宇之吉先生の周りに集まったような人たちが、江戸時代以来の漢文の訓読をこういう形で整理して教育しましょうという道筋を付けました。簡単に言えばそういうことになるかと思います。

それで、このようなところに注意せよということで、「注意」があります。大体こういうところに注意せよというところを見る方が、なるほど、こんなものがあるということがよく分かるので、ここにお示しいたしました。そこに「所謂（いはゆる）」などがありますね。それから、「加之（しかのみならず）」「就中（なかんづく）」「云爾（しかいふ）」、このようなものが出ております。この四つを知るだけでも、何か漢文の世界にぐっと近づいたような気になってまいります。

その後をずっと読んでいくと、これはどうやって読むのかというような話にもなってきて、つまりは当時の官報が出た時点の、この官報を読んだ人々がこれをどう読んだかというまた別の問題が出てきますが、若干煩わしいところは読み飛ばしまして、ずっといきますと、裏側に何かいろいろな読み方が出てくるわけです。その読み方の中に、上の真ん中くらいですが、もう一回「注意」と出てきます。この注意のところに「第一」とあります。地名や人名については「從來特殊ノ讀方アルモノハ之ニ從ヒ」とありますので、こういう読み方があるものは、それで読みなさいという言い方をしてあります。こういう言い方が一番、多分初めて漢籍を学ぶ人にとって、これはどうやって読んだらいいのだろうという迷いを生じさせる一つの原因になるかと思います。これはそういうものだと軽く受け流していただいて、最初は一般的な読み方で読んでいただいて、後で辞書を引っ張ったときに気が付いたら、「ああ、こういう読み方をしたらよかったのだ」と、その読み方を覚えるのが一番いいかと思います。

ここにせっかく出ていますから、これはこうやって読むのだというように、もうはなから覚えてしまった方がいいというものをご紹介します。まず、「酈食其」と書いてありますが、これは「レキショッキ」とは読まずに「レキイキ」と読むのだとか、尼父（じほ）の「父」は「ホ」と読むのだとか。その次、三字目の「可汗」は割と専門家でも知らなかったりするのですが、君主の称号で、「カカン」と読んでしまいますが、これは「コクカン」だと書いてあります。「可」を「コク」と読むのかと、まずはちょっと驚くわけです。

驚いたついでに『大漢和辞典』を引いてみようということでお示ししたのが④です。そうすると、可能の「可」という字が親字としてあって、ずっと説明があって、右側の四段目の真ん中くらいにその字が出ています。最初に「コクカン」と出ていますね。「コクカン」と「カカン」と、両方出ています。ですから、どちらで読んでもいいということで、「カカン」と読んでいいということなのですが、確かに右側に「コクカン」と書いてある。それで、このコクカンとは何かということですが、官報にも出てくるくらいですから、明治時代の教養人、漢文に携わっている人たちはみんな知っていたものということになります。それがこの『大漢和辞典』にはちゃんと反映されているということで、さらにその上の説明をずっと見ると、最初の「可」という親字の下に、一と二がありますが、一は確かに「カ」です。そして、二は「コク」と書いてあります。だから、発音は「カ」と「コク」と二つあるのだと。一の「カ」と読む用例として、たくさんの意味が出ています。終わり近くのところに二があって、それは「可汗・可敦を見よ」と出てきます。このように、これは「コク」と読むのだ、伝統的にそう読んでいるのだということが示されています。『大漢和辞典』はこのようなところまで引けるという一例です。

ですから、ただ単に辞書の字の意味を知るというだけではなく、漢学者がこだわってきたような知識がこういうところにちゃんと入っているので、その意味からも『大漢和辞典』はお勧めします。通常は一冊の漢和辞典で大体用は足りるのです。字が引ければ、それで、「なるほど、こういうものが出ている、こういう意味なのだ」ということがわかって、それでいいわけです。ところが、もうちょっと調べたい、それでは意味が分からないといったときには、『大漢和辞典』まで調べを進めていただくと、いろいろなことを知ることができます。

琵琶敎聲。

【叮嚀】3 テイネイ 物事に念を入れること。ねんごろ。丁寧。〔玉篇〕叮、叮嚀、囑付也。〔集韻〕叮、叮嚀、囑辭。〔陸游、和張功父詩〕叮嚀宜深聽。

【叮問】4 ting¹ wen⁴ 問ひ合はす。問ひただす。

【可】3245 ㊀カ 〔集韻〕口我切 ㄎㄜˇ k'ə³ 圄 ㊁コク 〔字彙補〕吾克

小篆 ㊀❶よい。丁度よい。〔說文〕可、肎也、从口丂、丂亦聲。〔後漢書、皇甫規傳〕今日立號、雖尊可也。〔注〕可、猶宜也。❷よしとする。〔荀子、解蔽〕不可道而可非道。〔注〕可、謂合意也。❸まづよい。まあよい。〔論語、子路〕期月而已可也。〔皇疏〕可者、未足之辭也。〔論語、爲政〕子曰、可也、未若貧而樂、富而好禮者也。〔集注〕凡曰可者、僅可而有所未盡之辭也。❹よいところ。美點。長所。〔後漢書、朱穆傳〕僕亦無一可耶。❺きく。ききいれる。〔國語、晉語九〕大夫辭之不可。〔注〕可、肯也。❻たへる。〔司馬相如、難蜀父老文〕其殆不可乎。〔注〕善曰、不可、猶不堪也。❼べし。㋑決定の意をあらはす。〔論語、爲政〕其或繼周者、雖百世可知也。㋺想像の意をあらはす。〔樂府歌辭、陌上桑〕可値千萬餘。㋩勸告の意をあらはす。〔論語、里仁〕父母之年、不可不知也。㋥可能の意をあらはす。〔孟子、告子上〕激而行之、可使在山。❽ばかり。ほど。〔史記、滑稽傳〕飮可五六斗。❾許可のことば。〔廣韻〕可、許可也。〔禮、曾子問〕不可。〔疏〕不可、不許之辭。〔史記、秦始皇紀〕制曰、可。❿ところ。〔經傳釋詞、五〕可、猶所也。〔禮記、中庸〕體物而不可遺。鄭注曰、體、猶生也、可、猶所也、不有所遺、言萬物無不以鬼神之氣生也。家大人曰、不、無也、萬物皆生於鬼神、是鬼神生物、而無所遺也。又曰、大戴禮武王踐阼篇、席前右端之銘曰、無行可悔、可、所也、前有所悔、後不復行、故曰無行所悔、說苑敬愼篇、作無行所悔、是其證也。⓫何(1−511)に通ず。〔石鼓文〕其魚隹可。〔風雅廣逸注〕隹可、讀作維何、古省文也。⓬歌(6−16167)の古字。〔集韻〕歌、古作可。⓭姓。〔奇姓通〕可中正、唐諫議大夫。⓮國人に注意を與へ、又は語の意味を強く指定するに用ひる語。㊁可汗(23)・可敦(104)を見よ。

名乘 ヨク。ヨシ。ヨリ。

解字 會意形聲。口と丂との合字。丂は又、聲。丂は丂の反對の形。丂は口氣がふさがる所あつて伸びぬ意。之を反對にしたのは口氣の伸び出る意を示す。之を口と合せて肎(肯)んずる意、許可の意を表はす。卽ち宜しと肯んずることは口氣の伸びることである。〔說文通訓定聲〕可、按、許詞也、禮記玉藻、士竹本、象可也、疏言、可者、通許之辭、曾子問、不可、疏、不可、不許之辭。

參考 可汗の時、本來は音コクであるが、俗にカと讀む。

【可哀】1 アイ 哀れな。あはれむべき。〔左氏、襄、二十五〕九世之卿族、一擧而滅之、可哀也哉。

【可愛】2 アイ ❶愛すべき。愛することが出來る。又、かはいらしい。〔書、大禹謨〕可愛非君、可畏非民。〔左氏、襄、三十一〕君子在位可畏、施舍可愛、進退可度、周旋可則。〔南史、顧延之傳〕延之嘗問鮑照己與謝靈運優劣、照曰、謝五言如初發芙蓉、自然可愛、君詩若鋪錦列繡、亦雕繢滿眼。〔駱賓王、冒雨尋菊序〕雖物序足悲、而人風可愛。❷ 安藝國の地名。

【可愛嶽】3 エノダケ 薩摩國鹿兒島城山の一稱。

【可愛氣】4 カアイゲ かはゆらしいさま。

【可愛山】5 エノヤマ 日向國の地名。

【可愛川】6 エノカハ ❶安藝國に在るといふ川。❷ 石見國郷川の古稱。

【可菴】7 カアン 字號。❶明、張棟(4−9812‥588)の字。❷淸、朱盛(6−14424‥117)の號。

【可以】8 k'ə³ i ❶よろしい。許可する。❷出來る。❸好い。

【可意】9 カイ ❶心にかなふ。氣にいる。〔漢書、陳湯傳〕武帝時、工楊光以所作數可意、自致將作大匠。〔注〕師古曰、可天子之意。〔魏志、司馬芝傳〕與賓客談論、有不可意、便面折其短、退無異言。〔王建、白紵歌〕此時但願可君意、迴晝爲宵亦不寐。❷思ひどほりになる。心のまま。〔黃庭堅、跋東坡論筆文〕東坡平生書字、每得諸葛筆、則宛轉可意。❸可愛い人。愛人。〔西廂記、張君瑞鬧道場雜劇〕元來是可意種來淸醮。

【可畏】10 カイ 畏るべき。畏れ戒むべし。〔書、大禹謨〕可愛非君、可畏非民。〔左氏、僖、三十〕王使周公閱來聘、饗有昌歜白黑形鹽、辭曰、國君、文足昭也、武可畏也。〔左氏、文、七、趙衰冬日之日也、注〕冬日可愛、夏日可畏也。〔五代史、唐明宗紀〕康澄疏曰、爲國家者、深可畏者六、賢士藏匿、深可畏、四民遷業、深可畏、上下相徇、深可畏、廉恥道消、深可畏、毀譽亂眞、深可畏、直言不聞、深可畏。〔蘇軾、謝量移汝州表〕昔日、冬有烝寒、知民冒之可畏、鴻居大夏、識天道之至仁。

【可謂】11 カイ いふ可し。いふことが出來る。〔論語、學而〕三年無改於父之道、可謂孝矣。〔孟子、滕文公上〕曾子曰、生事之以禮、死葬之以禮、祭之以禮、可謂孝矣。

【可韻】12 カイン 淸、戴舟(11−40945‥171)の名。

【可園】13 カエン 明、呂光洵(2−3386‥187)の號。

【可遠】14 カエン 明、于愼行(1−252‥122)の字。

【可惡】15 カヲ 憎い。憎むべし。憎らしい。〔方言、七〕宋魯、凡相惡謂之諄憎、若秦晉言可惡矣。〔陸游、詩〕雨來紅鶴更可惡、爭巢一似嬰兒號。

【可加】16 カコ コカの木。南米ペルーに產す。古柯(2−3233‥36)を見よ。

【可可】17 カカ ❶よい。〔元稹、春六十韻詩〕九霄渾可可、萬姓尙忡忡。❷k'ə³ k'ə³ ㋑僅か。僅かに。㋺ココア。英語 cacao の音譯。

【可可兒】18 k'ə³ k'ə³ êrh 丁度。恰も好し。

【可可以力更】19 ココイリカン 鎭の名。克克伊里根とも書く。又、可鎭ともいふ。按遼省武川縣治。民國四年、武川縣治を此處に徙す。

【可巧】20 k'ə³ ch'iao³ をりよく。丁度よく。

【可行】21 カコウ 元、許有孚(10−35298‥237)の字。

【可靠】22 k'o³ k'ao⁴ たよるべき。信用すべき。たしかな。

【可汗】23 コクカン カカン 蠕蠕・突厥・回紇など、亞細亞種族の君主の稱。蒙古語で王の義。其の妻を可敦といふ。單于(2−3993‥18)を見よ。此の語は晉書の吐谷渾傳に初めて見えてゐるが、此は後人の追記で、實際には蠕蠕の社崙(豆伐可汗)が始めて稱した。後、蒙古突厥諸族で汗を尊稱とするのは、可汗の略である。又、可寒・合罕・合安に作る。〔木蘭辭〕昨夜見軍帖、可汗大點兵。〔晉書、西戎、吐谷渾傳〕樹洛干、自稱大都督車騎大將軍大單于吐谷渾王、化行所部、衆庶樂業、號爲戊寅可汗。〔魏書、吐谷渾傳〕可汗此非復人事。〔唐書、突厥傳〕可汗、猶單于也、妻曰可敦。〔稱謂錄、外族稱天子〕可汗、可汗、西域稱天子之謂、見漢書。

【可堪】24 カカン 愁緖深くして堪へられぬこと。那堪(11−39305‥9)に同じ。〔韋莊、長安淸明詩〕蚤是傷春夢雨天、可堪芳草更芊芊。

【可寒】25 カカン 可汗に同じ。

【可氣】26 k'ə³ ch'i⁴ 腹立たしい。くやしい。

【可疑】27 カギ 疑はしい。〔六部成語、刑部、可疑、注解〕犯罪之情、有可疑惑也。

【可儀】28 カギ 明、范越鳳(8−30834‥145)の字。

【可儀堂】29 カギダウ 淸、俞長城(1−1437‥120) のついでに、この可能の「可」の一の「カ」はどのような発音なのかという説明が、その下に書いてあります（④）。「集韻」とあって、「口我切（コウガノセツ）」と書いてあります。これは伝統的な中国語の発音符号というか、発音をこのように説明したのです。その上の字（口）のkouのkと、下の字（我）のgaのaをつなげて発音しなさいという、つまり上の字の子音と下の字の母音をつなげて発音しなさいというやり方です。それを、「切」という字を使ったり、「反」という字を使ったりして示します。○○の反と書いたり、○○の切と書いたり、両方あります。熟語で反切といいます。これを通して、中国語の昔の発音の世界に、そのものではないのですが、近づいていくことができます。

この発音の世界も、専門の研究は随分と進んでいて、一般に想像するより大変な世界が広がっています。私などは逡巡しながら「この世界の敷居はちょっと高いな」などと言いながら平気でとんとんとドアをたたいて、やっぱりやめた、と逃げたりするわけですけれども、そのような世界が広がっています。そういう世界に、ちょっとだけ付き合っていると、先ほどのご講演でも漢詩が出てきましたよね。漢詩には押韻といって、韻を踏む字があります。二句目と四句目の最後の字は母音が同じだというような関係があります。そういう世界に入っていくときには、この説明が役立ちます。

さらっと漢字の発音と今申し上げたのですが、実は日本語には幾つかの発音があります。これももういろいろなところで既に勉強していらっしゃるかと思いますが、日本語には大きく分けて二つ、もうちょっと分けるとさらに三つ四つと出てきますが、漢字音があります。その漢字音について、簡単な説明をご用意いたしました。それが⑤―1と⑤―2、藤堂明保『漢字とその文化圏』（一九七一年、光生館）になります。

先ほどから言っています呉音と漢音の二つがあるのです。これはどのように説明すべきかということも、その次に書いてあります。「呉音と漢音の分布」とあって、「まずざっと、呉音と漢音の含まれる語彙を対照して並べてみよう」と。呉音が、経文、文書、金色、今昔、世間、正体、成就、殺生、燈明、末期。漢音が、経書、文章、金銀、今古、中間、正方、成功、生殺、これも実はもっとあります。その後を読みますが、「これを見れば、呉音読みをするのは、確かに仏教を通じてはいった単語か、または古くから日本人の言語生活にとけこんでいるコトバである。これに対して漢音読みをするのは、漢籍臭の強い熟語か、またはやや生硬な感じをうける漢語式のコトバである」。これだけなのですね。これを頭に入れていただいて、そうだったなと時々思い起こしていただければ、それでよろしいかと思います。あとは、時々変な発音のものがありますので、その都度覚えていただく。上海とか、北京とか、それから行灯とか、先ほどの可汗もそうかもしれませんが、そういうものは、出てきたらその都度こう読むのだというように覚えていただければいいということです。大体みんな辞典の中に出ていますから、それを覚えていただければいい。

ただし、『大漢和辞典』の中で、どれが呉音で、どれが漢音かという説明は、実はないのです。恐らく編纂のときの経緯が関わっているのだと思いますが、それぞれの字については、どれが呉音か、どれが漢音かは書いてありません。説明の順序がおおよそ決まってはいるのですが、発音が三つも四つも出てきた場合、その順序はどうなるか、とか、ついつい判断が面倒になったりします。慣れるのが一番かと思いまつく。だがそれは専門家の知識であって、無心な子供には何の手がかりをも供しえない。この教育上の取り扱いに関する私見はさしひかえ、ここではまず、呉音と漢音との実際上の分用の例をあげてみよう。

呉音と漢音の分布

まずざっと、呉音と漢音の含まれる語彙を対照して並べてみよう。

〈呉音〉　経文（キヤウモン）　文書（モンジヨ）　金色（コンジキ）　今昔（コンジヤク）　世間（セケン）　正体（シヤウタイ）　成就（ジヤウジユ）　殺生（セツシヤウ）　燈明（トウミヤウ）　末期（マツゴ）

〈漢音〉　経書（ケイシヨ）　文章（ブンシヤウ）　金銀（キンギン）　今古（キンコ）　中間（チユウカン）　正方（セイハウ）　成功（セイコウ）　生殺（セイサツ）　明白（メイハク）　期間（キカン）（旧字音かな）

これを見れば、呉音読みをするのは、確かに仏教を通じてはいった単語か、または古くから日本人の言語生活にとけこんでいるコトバである。これに対して漢音読みをするのは、漢籍臭の強い熟語か、またはやや生硬な感じをうける漢語式のコトバである。こうした点に、おのずと前項に述べた呉音と漢音の勢力分布が現われている。

ある漢字は呉音読みすることが多く、ある漢字は必ず漢音読みをする——というような特定の傾向が、きまったものもある。

たとえば「毛」は呉音で「モウ」と読み、漢音読みして「ボウ」と言うことは、まずありえな

十七. 呉音漢音

い。これに反して、「冒・帽」などは、漢音で「ボウ」（冒険・帽子）と読み、これを呉音読みして「モウ」と言うことは、我々の習慣では絶対にない。毛・冒・帽は《切韻》ではともに mau という同音であって、そのどれを日本で呉音読みし、どれを漢音読みするかは、全く慣用の程度によって、いつのまにか、きまってきた結果にすぎない。コトバの世界では習慣がすべてを決定するのである。

呉音読みが普通である漢字と、漢音読みが普通である漢字とが結合して熟語を成した場合には、当然「呉漢混読」する熟語が生まれてくる。たとえば次の熟語の構成を考えてみよう。

家内　かナイ（ケだい）　外米　がいマイ（ゲべい）　馬肉　ばニク（メじく）　埋没　マイぼつ（ばいモチ）　（注…ひらがなは漢音、片カナは呉音、カッコ内はその反対の場合）

これらの熟語は、一方が漢音、他方が呉音で読まれている。それの理由は、

内　呉音「ナイ」が普通。漢音は参内（サンダイ）、内裏（ダイリ）のような場合のほか使わない。

肉　呉音「ニク」が普通。古くから和音となりきっている。漢音ジクはまず使われない。

没　漢音「ボツ」が普通。呉音モチはほとんど使われない。

というように、一字一字についての慣用の大勢がきまっていることに由来するわけである。また時には、呉音と漢音とを入れ換えると、全く違った意味の単語になってしまうこともある。

す。

しかしながら、そういうものだということで心得ておけば、大体普通の辞書にはどちらが漢音でどちらが呉音かということは書いてありますので、普段は一冊の漢和辞典で用を足していただいて、どれが漢音でどれが呉音かというのは大体慣れていただいて、時々変な発音についてはどうかということを『大漢和辞典』で見るようにするとよろしいかと思います。

先に進みましょう。②―2です。先ほど来ちょっと気になっている「誤り」なのですが、その「第三」というところに◯で囲ったところがあって、そこのところに「?」が書いてあって、下の◯のところに「畜生」の字は「キクショウ」と書いてあります。これは「意義ニヨリテ音ヲ異ニスル文字ト雖モ混用久シクシテ習慣トナレルモノハ之ニ従フ」とあるので、正音は「キクショウ」なのだが、これは慣用音が「チクショウ」なので、チクショウと読めという話です。われわれが使っているのは慣用音だったのかということとかもしれません。

それで、『大漢和辞典』の⑥―1と⑥―2を用意しました。そこを見ますと、発音がたくさん出ていますが、最後に慣用音の「慣」という字で「チク」と出てきます。そこへ行くまでにいくつかの発音が出ていて、チク、キク、キウ、ク、チウ、チュとあります。先ほどと同じ説明なのですが、一番目の発音についての意味がずっと並んでいます。途中で二があります。一番下の段に来ると、三、四があります。そうすると、三、四というのが、発音はキウ、ク、チウ、チュなのですね。何で「誤り」と書き込みがあるのかというと、これは畜生ですから家畜です。家畜だとすると、キウかチウだということになります。とこ周頌、載芟〕徂隰徂畛。〔箋〕畛、謂舊田有徑路者。❻致す。〔爾雅、釋言〕畛、致也。〔禮、曲禮下〕臨諸侯、畛於鬼神。〔注〕畛、致也。❼告げる。〔爾雅、釋詁〕畛、告也。❽盡きる。たえる。殄(6－16413)に通ず。〔爾雅、釋言〕畛、殄也。〔注〕謂殄絕。❾根。もと。根(6－14745)に通ず。〔說文通訓定聲〕畛、叚借爲根。〔太玄經、礥〕黃純于潛、不見其畛。〔注〕畛、根也。❿昀(7－21764)に同じ。〔說文通訓定聲〕畛、字亦作昀。⓫賑(7－21863)に同じ。〔集韻〕畛、或从辰。⓬古、畛(7－21830)に作る。〔集韻〕畛、古作畛。⓭俗に⿰田斤(7－21811)に作る。〔集韻〕畛、俗作⿰田斤、非是。

【畛域】1 シンイキ 田のあぜ。さかひ。疆界。境域。〔莊子、秋水〕汎汎乎其若四方之無窮、其無所畛域。〔集解〕泛泛如水之無畔岸。〔韓愈、與崔羣書〕窺之闚奧、而不見畛域。〔權德輿、小言〕醯雞伺晨鴽蚊翼、毫端棘刺分畛域。

【畛崖】2 シンガイ 境界。さかひ。はて。〔淮南子、俶眞訓〕浮揚乎無畛崖之際。〔淮南子、本經訓〕鑿汙池之深、肆畛崖之遠。

【畛挈】3 シンケイ 澤の濁れるをいふ。〔淮南子、要略〕棄其畛挈、斟其淑靜。〔注〕楚人謂澤濁爲畛挈。

【畛畦】4 シンケイ 田のうね。さかひ。物の隔てあること。〔續世說、任誕〕蘇子瞻所與遊、亦不盡擇、各隨其人高下、談諧放蕩、不復爲畛畦。

【畛齋】5 シンサイ 永井襲の號。永井星渚(6－17088・294)を見よ。

【畛水】6 シンスイ 川の名。〔山海經、中山經〕青要之山、畛水出焉。

【畛畷】7 シンテツ 田間のあぜみち。〔左思、吳都賦〕其四野則畛畷無數、膏腴兼倍。〔注〕善曰、鄭玄毛詩箋曰、畛、舊田有徑路也、說文云、畷、兩陌之間道也。

【⿰田斤】21811 シン 畛(7－21810)の俗字。〔正字通〕⿰田斤、同畛、俗省。

【⿰田疋】21812 ソ ⿰疋田(7－22001)の譌字。〔正字通〕⿰田疋、⿰疋田字之譌。

【⿱夗田】21813 エン 畹(7－21894)に同じ。〔集韻〕畹、或作⿱夗田。

【畜】21814 ㊀チク 〔集韻〕敕六切 屋 ㊁キク 〔集韻〕許六切 屋 hsü⁴ ㊂キウ 〔集韻〕許救切 宥 ㊃チウ チユ 〔集韻〕丑救切 宥 ch'u⁴ ㊄チク

小篆 古文(說文) 古文(段注本)

㊀❶たくはへる。㋑積む。あつめる。〔易、小畜、釋文〕畜、積也、聚也。㋺をさめる。備へ藏める。〔禮、月令〕趣民收斂、務畜菜。㋩たもつ。〔老子、五十一〕德畜之。❷たくはへ得る。つもる。あつまる。〔魏志、高柔傳〕農廣則穀積、用儉則財畜。❸たくはへ。㋑たくはへたもの。たくはへること。〔禮、內則〕無私貨、無私畜。㋺農事につとめて得たたくはへ。古、𤲸(7－21919)に作る。〔說文〕畜、田畜也、淮南王曰、玄田爲畜、𤲸、魯郊禮、畜从田从茲、茲、益也。〔段注〕田畜、謂力田之蓄積也、云云、此許據魯郊禮文、證古文从茲、乃合於田畜之解也、艸部曰、茲、艸木多益也、从艸絲省聲、古文、本从茲、小篆乃省其半、而淮南王乃認爲玄字矣、此小篆省改之失也、今本上从玆則與玆益之云不貫矣、故正之如此。❹止める。〔孟子、梁惠王下〕畜君何尤。〔集注〕言晏子能畜止其君之欲。❺開墾した田。〔說文、畜、淮南王曰、玄田爲畜、段注〕玄田、猶昀昀原隰也。❻通じて蓄(9－31642)に作る。〔集韻〕畜、通作蓄。❼滀(7－17999)に通ず。〔莊子、知北遊〕萬物畜而不知。〔釋文〕畜、本亦作滀。㊁❶養ふ。育(9－29318)に通ず。〔說文通訓定聲〕畜、叚借爲育。〔廣雅、釋詁〕畜、養也。〔易、師〕君子以容民畜衆。〔虞注〕畜、養也。〔周禮、夏官、序官〕掌畜。〔注〕畜、謂斂而養之。〔禮、曲禮上〕畜鳥者則勿佛也。〔注〕畜、養也。〔漢書、陳湯傳〕示弃捐不畜。〔注〕師古曰、畜、謂愛養也。❷飼ふ。〔論語、鄕黨〕君賜生必畜之。〔漢書、景帝紀〕無所農桑繫畜。〔注〕師古曰、畜、謂牧放也。❸許す。容れる。〔左氏、襄、二十六〕天下誰畜之。〔注〕畜、猶容也。❹起す。慉(4－11049)に通ず。〔說文通訓定聲〕畜、叚借爲慉。〔詩、小雅、蓼莪〕拊我畜我。〔箋〕畜、起也。❺したがふ。⿰女畜(3－6567)に通ず。〔說文通訓定聲〕畜、叚借爲⿰女畜。〔禮、祭統〕孝者畜也、順於道、不逆於倫、是之謂畜。〔注〕畜、謂順於德教。❻孝。又、孝行する。〔禮、孔子閒居〕無服之喪、以畜萬邦。〔注〕畜、孝也、使萬邦之民競爲孝也。❼留まる。〔禮、儒行〕易祿而難畜也。〔注〕難畜、難以非義久留也。❽好む。すく。〔孟子、梁惠王下〕畜君者好君也。〔呂覽、適威〕民善之則畜也。〔注〕畜、好。❾物のさま。畜畜然(49)を見よ。❿古、嘼(2－4279)に作る。〔集韻〕畜、古作嘼。⓫姓。〔萬姓統譜〕畜、秦非子畜牧於汧渭之閒、支孫以爲氏、天水有畜氏。㊂㊃❶家畜。家に飼ふ鳥獸。六畜。又、犧牲とするため養つてゐる動物。〔周禮、天官、庖人〕掌共六畜。〔注〕六畜、六牲也。〔周禮、天官、序官、獸醫、疏〕在野曰獸、在家曰畜。〔周禮、天官、庖人〕掌共六畜。〔注〕始養之曰畜、將用之曰牲。〔禮、曲禮下〕問庶人之富、數畜以對。〔疏〕謂雞豚之屬。〔左氏、傳、十九〕古者六畜不相爲用。〔疏〕養之曰畜、用之曰牲。❷或は嘼(2－4279)に作る。〔爾雅、釋畜、釋文〕畜、許又反、本又作嘼。〔集韻〕畜、或作嘼。❸獸(7－20775)に通ず。〔正字通〕畜、與獸通。

名乘 マス。

解字 會意。玄(艸之部六畫の茲の省形で、しげる、益すの意)と田とを合せて、耕作につとめて得たたくはへの意を表はす。一說に、玄と田との合字。玄は易に天玄而地黃とあつて天色を意味し、田は土地を意味す、卽ち玄田は青草の蕃茂した土地、卽ち牧場を意味し、引伸して畜類を意味すといふ。古文は茲と田との合字。此の字の小篆は、艸の省形に從ふから、當に𤲸に作るべきであるのに、古書は多く畜に作る。字解を見よ。〔說文通訓定聲〕畜、按小篆从茲省、从田、會意、據茲益之義、則篆當从𤲸不从畜、而小篆𤲸亦从茲省、非玄字也、存疑。

參考 熟語は蓄(9－31642)を併せ見よ。

【畜愛】1 キクアイ 養ひ愛す。〔說苑、敬愼〕畜愛百姓、厲養戎士。

【畜穢】2 チクアイ けがれを積む。〔韓非子、亡徵〕后妻淫亂、主母畜穢、外內混通、男女無別、是謂兩主、兩主者可亡也。

【畜怨】3 チクエン うらみをたくはへ積む。又、たくはへたうらみ。蓄怨。〔淮南子、說林訓〕畜怨而無

患者、古今未之有也。〔史記、商君傳〕孤秦國之教、畜百姓之怨。

【畜狗】4 かひいぬ。畜犬。〔後漢書、南蠻傳〕昔有畜狗、其毛五采也、曰盤瓠。

【畜官】5 ㊀官名。漢、置く。右扶風の下にあつて牧畜を掌る。〔漢書、尹翁歸傳〕徙於小豬、急於豪彊、豪彊有論罪、輸掌畜官。〔注〕師古曰、扶風畜牧所在、有苑師之屬、故曰掌畜官、畜、音許救反。〔後漢書、董勳傳〕囚護羌校尉夏育於畜官。〔注〕漢書尹翁歸傳曰、云云、音義曰、右扶風畜牧所在、有苑師之屬、故曰畜官。㊁星辰の名。歳中牧畜の神。常に歳前四辰に居る。官符と位を同じくする。〔協紀辨方書、建除十二神〕官符・畜官、大凶執爲四利之死符。

【畜玩】6 飼ひもてあそぶ。〔本草、鷲雉〕附錄、吐綬雞、時珍曰、出巴峡及閩廣山中、人多畜玩。

【畜犬】7 ㊀犬を飼養する。〔越絶書、越絶外傳記地傳〕犬山者、勾踐罷吳、畜犬獵南山白鹿、欲得獻吳神、不可得、故曰犬山。㊁飼ひ犬。〔小學、善行〕有畜犬百餘、共一牢食。

【畜蠱】8 まじなひに用ひる蠱などを飼養する。〔宋史、太祖紀〕徙永州諸縣民之畜蠱者三百二十六家於縣之僻處、不得復齒於鄉。

【畜穀】9 穀物をたくはへる。〔論衡、孔僞〕農夫則根耕耒畜穀。〔吳志、陸抗傳〕富國強兵、力農畜穀。

【畜財】10 財產をたくはへる。又、たくはへた財產。〔魏志、高柔傳〕畜財積穀、而有憂患之虞者、未之有也。

【畜藏】11 たくはへる。蓄藏。〔莊子、天下〕馬息畜藏。〔荀子、榮辱〕餘財畜藏之富。〔史記、平準書〕民媮甘食好衣、不事畜藏之業。

【畜產】12 ㊀家にかふ牛馬雞犬など。〔呂子、號令〕出納畜產。〔史記、秦紀〕君子不以畜產害人。〔史記、匈奴傳〕掠其民人及畜產。〔漢書、薛宣傳〕君畜產且猶敬之。㊁人を罵る語。畜生(20)の㊁に同じ。〔後漢書、劉寬傳〕注久大醉而還、客不堪之、罵曰、畜產、寬須臾遣人視奴、疑必自殺、顧左右曰、此人也、罵言畜產、辱孰甚焉。㊂財產としての畜類。國家畜を牽出する。又、其の生業。

【畜產局】13 農林省内の一局。家畜の改良・增殖・衞生・保險及び狩獵に關する事務を司る。

【畜牲】14 牛馬などのやうに飼養する牲。〔說文〕牲、畜牲、畜牲也。

【畜止】15 とどまる。〔易、小畜、疏〕在下之乾、唯能畜止。〔隋書、律歷志〕南呂一部三十四律、其二十六日、畜止。

【畜牸】16 牸を飼養する。牸は牛馬猪羊驢の五畜の牝をいふ。〔齊民要術、養牛馬驢騾〕陶朱公曰、子欲速富、當畜五牸。〔注〕牛馬猪羊驢五畜之牸、然畜牸則速富之術也。

【畜積】17 ㊀たくはへ。蓄積。稸積。〔管子、任法〕畜積自多、甲兵自強。〔戰國、秦策〕沃野千里、畜積饒多。〔呂覽、侍君〕無衣服・履帶・宮室・畜積之便。㊁積みたくはへる。〔史記、扁鵲倉公傳〕邪氣畜積而不得泄。〔漢書、食貨志〕畜積餘贏。

【畜字】18 獸類を育て養ふ。〔漢書、食貨志下〕天下孳孳、有畜字馬。

【畜獸】19 家に飼ふけもの。〔禮、月令〕農有不收藏積聚者、馬牛畜獸有放佚者、取之不詰。

【畜生】20 ㊀けだもの。禽獸。〔管子、禁藏〕毋殺畜生、毋拊卵。〔韓非子、解老〕民產絶則畜生少。〔後漢書、南匈奴傳〕獲其畜生財物。〔大藏法數〕畜生者、禽獸之類也。㊁人を罵つていふ語。〔漢書、五行志〕諸畜生非其類、子孫必有非其姓者。〔隋書、陳夫人傳〕夫人泫然曰、太子無禮、上恚曰、畜生何足付大事。〔陔餘叢考、畜生〕俗罵人曰雜種、曰畜生、曰王八、云云、漢五行志、諸畜生非其類、子孫必有非其姓者、東漢時則又曰畜產、後漢書劉寬傳、坐客罵蒼頭曰畜生、寬私遣人視之、恐其自殺、曰、此人也、而被罵畜產、吾懼其死也、北史高車傳、其先匈奴單于生二子、單于曰、吾有此女、安可配人、當以與天、乃築高臺、置之三年、有老狼守之不去、小女意其神、欲嫁之、其姊驚曰、此是畜生、無乃辱父母、妹不從、遂爲狼妻、子孫繁茂、成高車國、此畜生之名所始也、隋文帝寢疾、太子廣與陳夫人侍、夫人爲廣所逼、奔歸于上、上怪其神色有異、問之、以實對、上恚曰、畜生何堪付大事、獨孤誤我、此又罵人爲畜生之明文也、北齊熊安生、以訟事詣徐之才・和士開二人、及相對、時以之才諱雄、士開諱安、乃不敢自稱姓名、但云觸觸生、羣公哂之、以其音同畜生也。㊂囮六趣・十界の一。禽獸蟲魚に生をうける生類。惡業を造り、愚癡多きもの、死してかかるものに生るといふ。梵語、底栗車 tiryanc の譯。〔大乘義章、八末〕言畜生者、從主畜養以爲名也。

【畜生道】21 ㊀囮冥途六道又は三惡道の一。生前の惡業によつて、死後、畜生に生れ變つて苦しみを受けるところ。畜生趣。〔源平盛衰記、四十八、女院六道還物語事〕九郎判官に虜れて、云云、畜生道に云ひなされたり。㊁骨肉の仲に於ける淫事。

【畜生腹】22 婦人が一回に二子以上を分娩すること。又、多產のものをいふ。

【畜生孕】23 畜生腹に同じ。

【畜種】24 家畜類。〔墨子、七患〕畜種菽粟、不足以食之。

【畜聚】25 貨財などをたくはへ集める。蓄聚。〔周禮、地官、稍人〕凡畜聚之物。〔禮、樂記〕君子聽竽笙簫管之聲、則思畜聚之臣。〔管子、四時〕賦民資以畜聚。〔史記、蘇秦傳〕南攻楚、五年畜聚竭。

【畜食】26 ㊀牛羊や穀麥をいふ。〔漢書、趙充國傳〕爭其畜食。〔注〕師古曰、此畜謂畜產牛羊之屬也、食謂穀麥之屬也。㊁家畜の食ふ草。〔漢書、趙充國傳〕爭其畜食。〔注〕師古曰、一曰、畜食、畜之所食、即謂草也。㊂食物をたくはへる。〔漢書、趙充國傳〕欲至冬、虜皆當畜食。〔注〕師古曰、此畜、讀曰蓄、畜、聚積也。

【畜水】27 ㊀水をたくはへる。貯水。〔晉書、慕容垂載記〕畜水覆舟、聚獸反害。㊁積つた水。稸水。〔宋玉、高唐賦〕臨大阺之稸水。

【畜牲】28 牛馬羊雞犬豕の六畜をいふ。〔左氏、桓、六〕不以畜牲、不以器幣。〔注〕畜牲、六畜。

【畜妾】29 めかけを抱へおくこと。

【畜粟】30 穀物を畜へる。〔淮南子、說林訓〕畜粟者欲歲之荒饑也。

【畜長】31 貯蓄增殖する。〔史記、貨殖傳〕農工商賈畜長、固求富益貨也。

【畜鳥】32 鳥を養ふ。又、飼ひ鳥。養鳥。〔禮、曲禮上〕畜鳥者則勿佛也。〔注〕畜、養也。

【畜怒】33 積つた怒。又、怒が重なる。〔顏延之、赭白馬賦〕睨迹遐唐、畜怒未洩。〔注〕翰曰、畜怒、謂馳騁之勢未散也。

【畜德】34 德を積む。德義心を養成する。〔漢書、藝文志〕用日少而畜德多。

【畜德錄】35 書名。㊀一卷。明、陳沂撰。宣德・正統間の名臣の言行を記す。〔四庫提要、史、傳記類存目〕。㊁二十卷。淸、席啓圖撰。周秦から元明に至る間の嘉言善行を集め、二十一門に分類す。其の門は、立志・爲學・讀書・省克・家訓・孝友・勤儉・涖官・康濟・忠誠・處世・厚德・度量・名節・智識・義命・勸戒・養生・閒適・女範・雜識。〔四庫提要、子、雜家類存目〕。

【畜肉】36 けだものの肉。〔史記、匈奴傳〕中行說曰、匈奴之俗、人食畜肉、飲其汁、衣其皮。

【畜馬】37 馬を畜へる。又、飼養して居る馬。〔唐書、王毛仲傳〕毛仲從帝東封、取畜馬數萬匹、每色一隊、相間如錦繡、天子才之。

【畜帛】38 絹をたくはへる。〔魏志、王昶傳〕儲穀畜帛、反民於樸。

【畜髮】39 髮をはやす。

【畜憤】40 積つたいきどほり。又、いきどほりが重なる。〔後漢書、王符傳〕解畜憤而反一懟悉於赦贖。

【畜牧】41 原野で牛馬を養ふ。〔史記、平準書〕民得畜牧邊縣。〔史記、匈奴傳〕居北邊、隨草畜牧。〔史記、廉頗藺相如傳〕大縱畜牧。〔史記、韓長孺傳〕徒見畜牧於野。〔漢書、地理志〕地廣民稀、水少宜畜牧。

ろが、先ほどの官報では「キクショウ」と言っていて、キクという発音は実は三番であって意味が違うという話です。これは慣用音がチクだから、説明は、これについてはもう思い込みで「キク」と書いているわけです。「これが本来の読み方なのだけど」という説明をしてしまっているわけですが、実際は「キウ」と書き込まねばならなかったということです。あるいは、「ク」は「ウ」ににていますから、ひょっとすると、官報を作るときの誤植かもしれません。

私も多分、この「誤り」という書き込みがなければそこまで調べなかったと思うのですが、いろいろ調べていると、いろいろなことを知ることができます。その中で『大漢和辞典』にはいろいろな情報が本当に凝縮して詰め込まれていますから、上手に利用するといろいろなことを知ることができることがわかるわけです。ですから、ぜひこれを一度手に取って、あちこち調べていただくことをお勧めいたします。

次に、今度は訓読ですが、先ほどの官報に、訓読についてはこういう取り決めをしましょうということがずらっと書いてありました。これは、こういう特殊な読み方があるから、それを頭に入れなさいということを除けば、大体は普通どおり読めばいいものです。それについて、しかしながら本当にこう読んでいいのだろうかという疑いを自ら抱くことがあります。そういう疑いを抱きながら読んでいると、どうしても頭に入りません。ひょっとしたら間違って覚えてしまうのではないかと思います。そういう方々にとって、これも工具書になると思うのですが、こういう読み方で読むといいと示されているのが『漢文大系』『新釈漢文大系』などです。

それを読んで参照されるといいと思うのですが、実はここでもう一つ問題があります。『漢文大系』の中で採用されているテキスト、訓読本があるのですが、その訓読の中に江戸時代臭さが入ってしまっているものが時々あるのです。私が江戸時代臭さと言いましたのは、先ほど言った官報の精神と若干抵触するところであって、官報で示されたのは、簡単に言うと、学問的にはどこか抵触するところが出てくるかもしれませんが、日本の古典の中の平安から鎌倉くらいの文法を基礎にして読みなさいということになります。調子を覚えるということであれば、『平家物語』あたりの調子で読んでいけばいいわけです。軍記物ですね。ああいうものの調子でもって、どんどん漢文を読んでいけばいいということになる。それから、唐の詩を詠んだものがたくさんありますから、そういうもので読んでいけばいいということになります。ところが、時代がずっと下って、現代に近い江戸時代くらいになると、古典文法そのものが現代語に近くなります。一番大きなものが、これだけ今日はご紹介したいと思うのですが、サ行変格活用です。これは「せ・し・す・する・すれ・せよ」という変格活用になるのですが、この「せ」のところが「さ」になるのです。「せらる」が「さる」ということで、現代語の「される」に近くなっている。そういう訓点が結構あるのです。

それを皆さんにお示ししようと思ったのですが、いざ探したら見つからなくて、正しいものをここにお示ししました。だから、こうやって読めばいい、冨山房の『漢文大系』にはこんなふうにありますので、こう読んでみてくださいという代表例になってしまいました（⑦―1と⑦―2）。気を付けてくださいというものを出そうと思ったのですが、いざ探そうと思ったら、あれはどこにあったっけという話になりまして、どうも間に合いませんでした。おわび申し上げます。

之ヲ今ノ事ニ適用スルヤウニスルヲ揣摩ト云フ。

金玉錦繡——計策ノ善美ナルモノヲ喩ヘテ云ヘルナリ。

【雕題】摩燕烏闕集闕五字、蓋衍文。

燕烏集闕——書名ナルベシ。

受相印——蘇秦ガ趙ノ相印ヲ受ケタルナリ。

粮ハ糧ト同ジ。

【雕題】古廟以人居而言、不添宗字者多非鬼室、後世所謂朝堂卽廟矣。

轂ハ車軸ノ先ノ車、輪外ニ出デタル物ヲ轂ト云フ、車ノコトニ用ヒタルナリ。

引說秦不合爲戒。懲前此說術之疎也。朞年揣摩成。曰。此眞可以說當世之君矣。林西仲曰。成而自信。謂之曰眞。喜得此說術之善也於是乃摩燕烏集闕。見說趙王於華屋之下。抵掌而談。趙王大說。封爲武安君。受相印。革車百乘。錦繡千純。白璧百雙。黃金萬鎰。以隨其後。約從散橫。以抑強秦。故蘇秦相於趙。而關不通。抵抵通。諸氏反。大說音悅。純徒本反。○燕烏集闕未詳。疑陰符書篇名。蓋依是篇之義而揣摩。以說趙王也。華華麗也。抵掌而談。謂以掌指畫而談也。武安。趙邑。純束也。此約從。謂合六國親而擯秦。吳師道曰。關不通。卽所謂秦兵不敢窺函谷關者。林西仲曰。散橫之效。當此之時。天下之大。萬民之衆。王侯之威。謀臣之權。皆欲決於蘇秦之策。不費斗粮。未煩一兵。未戰一士。未絕一弦。未折一矢。諸侯相親。賢於兄弟。林西仲曰。約從之效。夫賢人在而天下服。一人用而天下從。故曰。式於政。不式於勇。式於廊廟之內。不式於四境之外。式用也。言服從天下。用於政而不用於勇。用畫於廊廟之內。而不用兵於四境之外。四句蓋古語也。林西仲曰。承上文不費斗粮五句。而極寫之。當秦之隆。黃金萬鎰爲用。轉轂連騎。炫熿於道。山東之國。從風

桑戶ハ桑ノ枝ヲ編ミテ作レル門扉ナルベシ。棬樞ハ木ノ枝ヲ丸クシテ、樞ノ代用トシタルモノ。

季子ハ叔モ季モ弟ノコトナレバ、弟ヲ少シ尊ビテ、季子ト云ヘルナラン。

勢位富厚云々——世ニ立チテ居ルニハ、位置金錢モ粗末ニ思フコトハ出來ナイトノ意。

而服。使趙太重。炫熿。光耀也。林西仲曰。當秦强趙弱之日。公然馳幣約結。不顧秦忌。使趙重於天下。極寫其難立功處能立功也。且夫蘇秦。特窮巷掘門。桑戶棬樞之士耳。伏軾撙銜。橫歷天下。廷說諸侯之士。杜左右之口。天下莫之能伉。鮑彪曰。掘門。鑿垣爲門。樞。門牝也。揉木爲之如捲。棬。屈木盂也。軾。車前橫木。林西仲曰。撙抑也。銜馬勒也。此又極寫其難發跡處能發跡。將說楚王。路過洛陽。父母聞之。清宮除道。張樂設飮。郊迎三十里。妻側目而視。傾耳而聽。嫂蛇行匍伏。四拜自跪而謝。蘇秦曰。嫂何前倨而後卑也。嫂曰。以季子之位尊而多金。伏音匐。○洛陽。秦故鄉。宮。居室。古通謂之宮。郊迎者。父母急欲與言也。側目傾耳。不敢正視聽也。蛇行。紆行。匍伏。伏地也。司馬貞曰。嫂呼小叔爲季子。未必字也。蘇秦曰。嗟乎。貧窮則父母不子。富貴則親戚畏懼。人生世上。勢位富厚。蓋可以忽乎哉。穆文熙曰。方惠王之時。秦方始盛。未有併呑之志。而蘇秦即以此說之。宜其說之不行也。厥後張儀知秦志在於和。故爲之連衡六國。范睢知秦厭內亂。故爲之驅逐四貴。凡以中其欲耳。比秦之揣摩成。而六國之厭苦秦兵者。即嚮然爲之合從矣。

〔考異〕 高本敝皆作弊。坊本贏作嬴。高本棬作捲。坊本廷作庭。士作主。伉上無能字。傾作側。季子下無之字。○ 補正 〔文章不成者。不可以誅罰〕文章謂禮樂。禮樂

いつ気が付いたのかというと、私が教鞭を執ることになってここに参りましたころに、最初に教えた学生さん、もう今はそこで聞いていた人たちも既に先生になってしまっていますけれども、その人たちと読んでいたのがこの種のものだったのです。経験上、所々変な言い回しが出てくるのは分かっていたので、その変な言い回しを「これは変だよね」ということでみんなで確認しながら読むという勉強を一年間しました。それが記憶の中にあったので、あれを使えばいいと思ったのですが、いざ探そうと思ったら、どこを読んだのだっけというところから始まって、だいぶ忘却のかなたになってしまったものが多くて、持ってくることができませんでした。

先ほどの話題にまた戻るのですが。経という字は、漢音ですと「ケイ」、呉音だと「キョウ」ということで、同じ漢字を使っても、経典はお経ですと「キョウテン」と言うし、儒教のことが書いてある本ですと「ケイテン」と読みます。こんな言い方を抱えている。「キョウテン」と「ケイテン」は、さすがに今もう定着して、一般にケイテンというと儒教経典、キョウテンというと仏教経典だということはよく話題に出てくるのですが、儒教の典籍の名前ですら、実は仏教と同じ、最初に日本に入ってきた発音がいまだに生きています。それほどまでにやはり過去の歴史においてお坊さんの影響力は非常に大きかったのだろう、教育の中で占めるお坊さんの位置は随分高かったのだろうと思います。

今、簡単に言いましたが、呉音とはどうやら、六世紀ごろにまとまって日本に最初の典籍が入ってきますけれども、そのときの中国の南の方の発音だそうです。それから、その次に遣唐使が西安、長安辺りから持ち込んだ発音が漢音です。藤堂明保先生の本などを読んでいますと、別の解釈もあるようなのですが、それはここでは触れません。これも藤堂先生によると、遣唐使がまた新しい発音を持ってきたときに、それまでの発音に慣れ親しんでいた人たちがたくさんいるので、その間で論争が起こって、こちらがいい、あちらがいいという争いを随分とやった記録が残っているようです。そんなところから、論争があったのだということも分かるし、論争が起こるほど定着したということも分かるし、それ以前の、呉音が定着する前の音は、たとえ来ても定着するようなものではなくて、どんどん消えていったのだろうということも想像できます。そんなことが分かる話題でもあります。

ということで、本日は工具書のことをご紹介したわけですが、二つありまして、一つは『大漢和辞典』を上手に使ってくださいということです。これにはいろいろな知識が入っていますから、『大漢和辞典』をうまく使うことによっていろいろな情報を得ることができます。もう一つは『漢文大系』等ということで、私は別に冨山房の回し者ではないので、冨山房本だけではないのですが、実際に自分が訓読をして、それが合っているか合っていないかを確かめるときには、そういうものを上手に使われるとよろしいかと思います。かなりのものがもう訓読本として提供されています。明治以後の洋装本だけではなく、それ以前に和刻本として提供されている訓読本もかなりあります。その際には、ぜひ江戸時代の癖にお気を付けくださいということも一言申し上げたわけです。

大体このくらいで、お時間でしょうか。

質疑応答

（司会） ありがとうございました。それでは、質問を受けますので、質問のある方は挙手をお願いします。

（質問者1） すみません、四角号碼についてお尋ねしたいのですが。頭が悪いせいか、よく理解できなかったので、恐縮ですが、一番簡単な例をまず説明していただいて、それからちょっと複雑めの字でご説明いただけないでしょうか。よろしくお願いいたします。

（平勢） では、「言」でいきましょう。号碼は番号です。この「言」については、まず左上から見ていくと、形がナベブタですから、0から始まります。それで、1は横（ヨコ）、2が垂（タテ）というように、ずっと並んでいますでしょう。あの形を見るのです。ですから、まず左を見たときに、これが目に入らぬかという話になるのです。これで見てくださいということで、決めてかかります。そうすると、これは左から見ると言いながらも、上を全部取ってしまいますが、まずこれは0ですね。その次に、これを取ってしまうともう残らないので、残らない場合は0になります。だから、最初は00になります。その次に左下を見るわけです。「口」は、ずっと見ていただくと6になります。それを取ってしまうと、残りはありませんので、右下は0です。ですから、「言」という字は0060で引くと出てくることになります。

たまたまこれは右上も右下も残らなかったという字でしたが、今度は「則」にしましょうか。この場合、どう取るかというと、ぱっと見たときに、左上に「目」という字が入っているので、これを取るわけです。そうすると、6になります。その次に、今度は右上を見ると、これは2になるわけです。その次に左下を見ると、これは8になって、右下はもう取ってしまったので0ということで、6280になります。

先ほど、一番右下の0060の何とかと書いてある5番目の数字は何かというのは、ここで見るのですよと言いましたけれども、この上というとこれしかありません。これは1なので、0060の1となって、「則」の方は残っていませんから、6280の0となります。

大修館の『大漢和辞典』と『新華字典』では、数字が違っている場合もあります。これも慣れ、ということになりますが、かくいう私も、正確には覚えていないところがあります。それくらい、鷹揚にかまえてお使いになればよろしいかと思います。

私は『新華字典』で四角号碼を覚えました。私は中国語を東大で学んだわけではなく、夜学というか、日中学院というところで勉強しました。ですから、専ら「偉大な領袖」だとか、「下放する」とか、そんな言葉はたくさん勉強したのですが、典雅な文章は勉強していません。ちゃんとそういう勉強をなさったのが大木先生で、勉強しなかったのが私です。そうなるとどういうところで差が出るかというと、台湾に行って、学生さんたちが先生だからおろそかにしてはいけないということで、非常に丁寧な言葉で話し掛けてくるのですが、私はきょとんとしてよく分からないのですね。何かこう言われているらしいけれど、よく分からない。そういう丁寧ないいまわしも、大木先生はわかる。ただ、最近は台湾の学生さんたちもだんだん私にわかるような表現を使うようになってきました。あまり難しいことを言わなくなったのですね。話がわき道にそれましたね。四角号碼という番号の振り方にも、時期なり、それを使った人たちの流儀なりがあるので、所々違っています。こんなことでよろしいですか。

（司会） もうお一人、何か質問があれば。

（質問者2） 訓読法が時代によって差があるということは聞いたことがあったのですが、官報の指示とは初めて知りました。現代の訓読法は、この方針によっていると考えていいのでしょうか。

（平勢） 詳細には分からないところもありますが、ほぼこの官報の精神をそのまま引き継いでいると考えていいと思います。

（質問者2） 例えば、高校の漢文の教育とか。

（平勢）　そうですね、はい。それは戦後にずっとつながる問題です。これは本当は場を改めて言うべき話題なのですが、気になりますよね。最後に、ややいい加減なお話をしておきましょう。漢文訓読を一般に広めたのは一体何なのかというと、一番力があったのは、どうも戦前の「文検」（文部省検定試験。小学校の先生が中学校で教鞭をとるために受ける試験）の受験参考書のようなのです。見ていると、それがそっくりそのまま戦後の受験参考書に引き継がれています。ある世代、といっても大体何歳くらいを境にしたらいいかは分からないのですが、戦後まもないころの受験参考書にはすごく難しい漢文が出ていました。実際は教育現場で習わないものまで入っていた。その基は何かというと、戦前の文部省検定試験です。その漢文の受験参考書に難しい漢文がたくさん出ていて、それが基礎になって戦後の大学受験の参考書に流れこんでいたようです。ある時期から試験全体がとても易しくなって、そういう難しい問題はどんどん抜けおちていきました。ですから、微妙だと言ったのはある時期まで、ということなのですが、戦前の教育が、明らかに戦後まで継承されていると思います。

（司会）　では、どうもありがとうございました。

東京大学総合図書館の漢籍について

大木　康

ただ今ご紹介いただきました大木でございます。どうぞよろしくお願いいたします。今日は「東京大学総合図書館の漢籍について」という題でお話をさせていただきます。

よく「これこれの本は東大の図書館にある」と言われる場合がありますが、仮にその本をさがしに東大のキャンパスに来られても、実は東京大学図書館なるものはどこにもないのです。まあ常識的には、東大の中央図書館ともいえる総合図書館のことを指すだろうとは思うのですが、ただ東大図書館の本と言われても、実際どこにあるか分からない。東京大学の中にはたくさんの図書館があるのです。確かに、一番大きな図書館として総合図書館があります。しかし、それ以外に、それぞれの学部や研究所にも図書館があるわけです。東大の場合、総合図書館、そしてそれぞれの学部や研究所の図書館全体を統括して「附属図書館」といっておりま す。ですから、東大附属図書館といえば、そこには東京大学にあるすべての本

が含まれることになります。そして、付属図書館の中に、総合図書館と各部局の図書館があるわけで、東大の中の図書館について話をする時には、「附属図書館」「総合図書館」「各部局図書館」という構造を理解しておく必要があります。

附属図書館の中にはいろいろな学部の図書館が含まれるわけですが、漢籍につきましても、総合図書館に蔵される以外にも、例えば駒場にある教養学部の図書館、これは昔の旧制一高だったところで、その蔵書もそのまま引き継いでおりますので、旧制一高にあった漢籍が今でも収蔵されております。といった具合に、漢籍についても、実は東大にはいろいろなところにあるわけです。

ただ、その中から漢籍が特に多い図書館を取り出すならば、まずは総合図書館、それから文学部。文学部には、漢籍コーナーといって、漢籍に関わるいくつかの研究室が購入した漢籍を一カ所に集めてある図書室があります。そして東洋文化研究所。この三つの図書館が、東大の中で漢籍を多く集めている図書館です。

この「はじめての漢籍」の講演会で、前回、文学部漢籍コーナーと東洋文化研究所については紹介させていただきましたので、今回は総合図書館の漢籍について、簡単に紹介をさせていただきたいと思います。

初期の東京大学とその前身

明治十年（一八七七）に東京大学という名称の大学が初めてできました。今でも東大の創立何年目かは、この明治十年（一八七七）以後何年かと数えているわけですが、実際には東京大学が明治十年にできる前の前身があり、変遷があります。例えば、江戸幕府時代の蕃書調所、明治に入ってからの開成学校、大学南校など、いろいろな変遷と名称があります。

いきなり脱線ですが、皆さん、九段下の交差点はご存じでしょうか。九段下交差点の、今、九段会館が建っている側、交番の横に、蕃書調所跡という説明板が立っています。蕃書調所というのは、今にして思えば、ずいぶん差別的な名前だとも思いますが、ここが蘭学、英学などを研究し教授する、幕府の官立学校だったわけです。ただここは、蕃書、つまり横文字の本を読むための学校ですから、全くなかったとは思えませんが、あるいは漢籍は少なかったかもしれません。江戸時代の人の感覚では、漢籍は「蕃」書ではありませんでした。

明治十年に最初に東京大学ができた時、東京大学は神田の錦町にありました。そのあたりには、今、学士会館があります。学士会というのは、東大を含めて、いわゆる旧帝大の卒業生の会ですが、その学士会館の建物がなぜあそこに建っているかといえば、それがそもそも創設時代の東京大学があった場所であったからです。

明治十七年に、今の場所、本郷に移転・集結するようになります。それから明治十九年に、工部大学校を統合して、帝国大学という名前になります。この当時は、帝国大学といえば全国に一つだけ、東京にしかありませんでした。そして、明治二十五年に図書館の建物が出来上がりました。

帝大時代の本郷キャンパスの写真を見ますと、正門から放射状に道路が作られて、法科大学、文科大学

帝国大学時代の図書館（右側の建物）

などの建物が配置されておりました。当時の図書館も、ほぼ現在の位置にあったようです。

関東大震災

東大の図書館の歴史を考えるとき、大正十二年（一九二三）九月一日の関東大震災は、その前とその後との時代を画する大事件でありました。今、ごく簡単に見ましたように、東京大学ができる前から、その前身の学校があった。学校というものがありますと、やはりそこでは本を買って、本が蓄積されてくるわけです。理系と文系では違うのかもしれませんが、わたしなどは、学校というのは、本があって、本を読む場所であると思い込んでいます。

大正十二年（一九二三）の関東大震災のとき、当時の東京帝国大学の図書館が全壊し、しかも一番悪いことには火事が起こって、ほとんどすべての本が焼けてしまったのです。仮に明治十年から数えたとしても、すでに五十年くらい本を買い続けてきていたわけですが、それが一瞬にしてパアになってしまったわけです。

大正十一年度末の図書館の帳簿が残っていて、図書館には七十五万五千八百二十一冊の本があったことになっています。大正十一年度の末ですから、地震が起こった九月一日までには、もっと増えていたと思いますが、これだけのものがほとんどなくなってしまったことになります。ちなみにこの七十五万冊という数ですが、現在の総合図書館に収められている本が大体百二十万冊だそうですから、今のこの図書館の本のかなりの部分が、地震で一気になくなってしまったことになります。

地震でなくなった本の中には、もちろん漢籍も含まれており、たいへん貴重なものもありました。その一つが『欽定古今図書集成』です。これは、清の時代に康熙帝の命令で作られた、非常に大きな一種の百科事典です。これを日本の江戸幕府の将軍であった徳川吉宗がわざわざ中国に注文して、この本の初刷本、最初に印刷された最もきれいだといわれる本を買って、江戸城内の幕府の図書館である紅葉山（もみじやま）文庫というところに置いてありました。明治時代に入って、政府に移管されたのですが、明治の時代、帝国大学は国家にとって大変重要な機関であると考えられていたわけで、この『欽定古今図書集成』を、明治天皇がこれは大変重要ないい本だからということで、当時の帝国大学に下さって、図書館に置いてあったのです。それが、関東大震災にあって全部燃えてしまいました。九千九百九十五冊あったといい、あまりにも惜しい、悲しい話です。

それから、当時の図書館には、漢籍を多く含んだ、白山黒水（はくさんこくすい）文庫というコレクションが収められておりました。これは当時の南満州鉄道（満鉄）が集めたコレクションですが、それが帝大に寄贈され、図書館にあったのです。中国の東北地方、いわゆる満州では、長白山という山と黒龍江という川がランドマークになっておりましたので、長白山から白山、黒龍江から黒水ということで白山黒水文庫と命名されたものです。これもかなり多くの漢籍を含む文庫だったのですが、大体が焼けてしまいました。ただ、白山黒水文庫については、ほんのわずかに焼け残った本があり、今日でも見ることができます。

明治から大正にかけての帝国大学ですから、当時の政府は、ここに莫大な予算を投入しておりました。図書についても潤沢な予算があったのだろうと思います。そういうお金をかけて集めた本が、大正十二年九月一日の関東大震災で全滅してしまったという大変な歴史を、東大の図書館は持っているわけです。

震災からの復興

焼けてしまったからといって、大学の図書館をそのままにしておくわけにはまいりません。ゼロから再出発しなければならないことになります。この復興に当たっては、日本国内、そして世界中の皆さんから援助をしていただいたおかげで、比較的短い期間に、図書館の復興が実現したのです。このことは、私たち東大の図書館で本を使って勉強させていただいている者は、永遠に忘れてはいけないことだと思います。

今回調べて私もびっくりしたのですが、大正十二年（一九二三）九月一日に関東大震災があって、その九月十七日に、当時の国際連盟で東京帝大の図書館の図書復興援助を行おうという決議が行われたのだそうです。今なら、どこかで大きな地震が起これば、すぐにテレビカメラが入ったりして情報が伝わると思うのですが、何といってもまだ大正時代の話です。テレビなどもない時代に、こんなに早く日本の状況、しかも帝国大学で図書館の本が全部燃えてしまったという話が伝わって、それを復興しようという話が起こったというのは、なかなか大変なことではないかと思います。

そして、その年の十一月一日には、もうアメリカから第一回の寄贈図書が届いたそうです。今の飛行機と違いますので、アメリカから船が来るとしても、相当日数がかかった時代です。それ以降、翌年にはイギリスからの図書が着き、十月には、ロックフェラー財団のロックフェラー氏から図書館の建物の寄付の申し込みがありました。実は本日の会場になっているこの総合図書館の建物自体、このときのロックフェラー氏の寄付で建ったものなのです。

世界中から贈られた本

二〇〇七年、東大の創立百三十周年記念のときに、総合図書館で、「世界から贈られた図書を受け継いで」というテーマの展示会が開かれました。展示資料の目録も作られ、和書、洋書、漢籍など、この当時、日本全国、そして世界中から寄付していただいた資料が紹介されています。

洋書を一つだけ紹介いたしますと、ウィリアム・モリスのケルムスコット・プレスの『チョーサー作品集』という本があります。世界三大美書と称されるものの一つです。『チョーサー集』自体は日本に幾つかあるので、決して東大にだけあるわけではないのですが、ケルムスコット・プレスの研究をしている方によれば、東大にある本がその中でも、白豚革表紙という特別な装丁の、価値ある本なのだそうです。この本は、当時イギリスの外務大臣であったチェンバレンから駐英大使に直接手渡された本です。こういった貴重な本を、世界中から贈っていただいたのです。

寄付という文化

関東大震災で本が焼けてしまい、図書館の本がほとんどゼロになってしまった。図書館の復興をゼロからしなければならないとしたら、どうすればよいのでしょうか。一冊一冊新しく本を選んで買っていたら、五十年以上もかかって集めたものですから、それだけの時間がかかってしまうわけです。それが五十年もかからず、比較的短い期間に図書館の復興ができたのはなぜなのか。それはまさしく多くの皆さんのご寄付があったからなのです。

今年（二〇一〇年）四月の東大の大学院の入学式に、小林久志さんというアメリカのプリンストン大学の先生をしておられた方が招かれて、祝辞を述べられました。その祝辞の中で、アメリカには寄付という文化があり、大学も寄付によって成り立っているというお話をされ、これからは、日本、あるいは東京大学も、卒業生や在校生の父母などに、大いに寄付活動に参加してもらう必要があるのではないかと述べられました。確かにそのとおりで、アメリカやヨーロッパの社会では寄付というものが重要な位置を占めているようです。しかし、一方でアメリカの社会は、昔から相当な格差社会です。お金持ちは本当にたくさんのお金を持っているが、お金のない人は本当にないという社会です。そして、寄付の大部分は、その大金持ちたちの寄付なのです。アメリカの大学に行ってみますと、○○ホールといったようにその建物を寄付した個人の名前がつけられた建物がたくさんあります。個人が建物一つを寄付してしまうわけです。

これについては、プラス・マイナスがあるとは思うのですが、実は日本の社会も、戦前はかなりアメリカに近い状態だったのだと思っています。いわゆる財閥やお殿様のような本当のお金持ちがいて、その人たちは当時、寄付をする財力があったわけです。東大にしても、やはり関東大震災後の復興で、安田財閥の安田さんが講堂をぽんと寄付してくださいました。それが今では東大のシンボルになっています。

少し前まで東京国立博物館で細川家の永青文庫の展覧会が開かれておりました。この細川家のようにお殿様がすばらしいコレクションを持っていたわけです。そして、こうした人々が文化芸術のパトロンになり、そのレベルを支えていたのです。ところが戦後になって、たしかに平均的には国民全体の水準が上がったのかもしれませんが、断トツなお金持ちがいなくなってしまった。本当に余裕があって、書物や芸術などと文化的なことにお金を使う人がいなくなってしまった。こうした社会的な状況の変化は頭に入れておかなければならないと思います。

戦前はそういう状況でしたので、帝大が地震で火事になって図書館が壊滅してしまったとき、全国のお金持ちでいい本をたくさん持っている方が、それを寄贈してくれました。それがこの図書館の基礎になっているのです。もちろん震災以後に、一冊一冊買っていった本もたくさんあるのですが、図書館の復興にあたり、これから紹介させていただくように、南葵文庫や青洲文庫など、すでにあった大きなコレクションを丸ごと譲っていただいた。それが現在の図書館の基礎になっているのです。

ここからが今日の本題になります。総合図書館の漢籍について、もう十数年前になるのですが、私が文学部につとめておりましたときに、「東京大学総合図書館の漢籍とその旧蔵者たち」という展示をして、その目録を作りました。この展示では、総合図書館の漢籍の名品を、その主な旧蔵者によって整理いたしました。その旧蔵者（寄付者、買い付け者含む）は次の通りです。

南葵文庫（徳川頼倫）
鷗外文庫（森鷗外）
槐南文庫（森槐南）
青洲文庫（渡辺沢次郎）
谷文庫（谷千城）
エリオット文庫（チャールズ・エリオット）
阿川文庫（阿川重郎）
趙東潤本（趙東潤）
覚廬叢書（市村瓚次郎買い付け）
鶚軒文庫（土肥慶蔵）
浅田文庫（浅田宗伯）
渡部文庫（渡部信）
広東籌賑日災総会寄贈本

岡文庫（岡千仭）

漢籍だけについて見ても、これだけ多くの方々からの寄贈があったことがわかります。今日はこのうちのいくつかを紹介させていただきたいと思います。

南葵文庫

やはり、最初に挙げなければならないのは南葵（なんき）文庫です。「南葵」とは紀州の徳川家のことです。徳川家は葵のご紋。その葵と、御三家の中でも南に位置する紀州の徳川家ということで、南の葵という名前が付いています。この南葵文庫という名前は、紀州の徳川家が持っていた本を帝大に譲っていただいた時に付けられたものではありません。帝大に来る前に、すでに南葵文庫はあったのです。

明治の時代にはさまざまな西洋の文物が日本に入ってきたわけですが、西洋の文物の日本への導入にあたって、昔のお殿様が大事な働きをしていることが多くあります。徳川頼倫という当時の紀州徳川家の当主は、イギリスのケンブリッジに留学されました。何といっても華族様ですから、お金があって、洋行をする。しかし、ただヨーロッパを見て帰ってきただけではなく、この方の場合、ヨーロッパにパブリック・ライブラリー（公共図書館）というものがあるということを見て帰ってこられました。そして、日本でもみんなが使える公共図書館を作らなければということを思い立ち、紀州徳川家の代々の蔵書を基礎とし、さらに新しく蔵書を充実させて、明治三十年に、南葵文庫という名前の私立図書館を、麻布の飯倉にあっ

南葵文庫の扁額（徳川慶喜）

た自分のお屋敷の中に建てました。

図書館の建物は洋風建築でしたが、その後、大磯に移され、紀州徳川家の別荘として使われておりました。現在ではさらに移築されて、熱海の伊豆山温泉の「蓬萊」という有名な旅館の別館になっており、今でもかつての様子をしのぶことができます。

「南葵文庫」と書かれた大きな扁額も残されており、これは現在、東大総合図書館の一階の閲覧室に掛かっています。この文字を揮毫したのは、最後の将軍であった徳川慶喜です。

この南葵文庫の蔵書をすべて、震災後の帝大に寄付していただいたのです。南葵文庫の本は、全部で九万六千冊あったといいますから、この南葵文庫だけでかなりの数です。南葵文庫には、紀州の徳川家に代々伝わってきた本がもちろん入っていますが、その後に集められた本も多く、漢籍については、例えば島田重礼の双桂楼蔵書、依田学海旧蔵書など、南葵文庫の中にまたいろいろなコレクションが含まれています。

南葵文庫の漢籍

南葵文庫の漢籍は、何といっても、もともと紀州の徳川家代々の蔵書ですから、大変由緒のある本が多く含まれています。例えば『朱子語類』。明版ですが、中国の明末清初期の大学者である銭謙益の旧蔵、しかもそれに林羅山、林鵞峰の書き込みがあるというものです。

また、『左伝節要』という『春秋左氏伝』の一種のダイジェスト版があります。「紀伊之國徳川氏図書記」という大きな蔵書印が押してあり、まさしく古くから紀州徳川家に伝わった本であることがわかります。

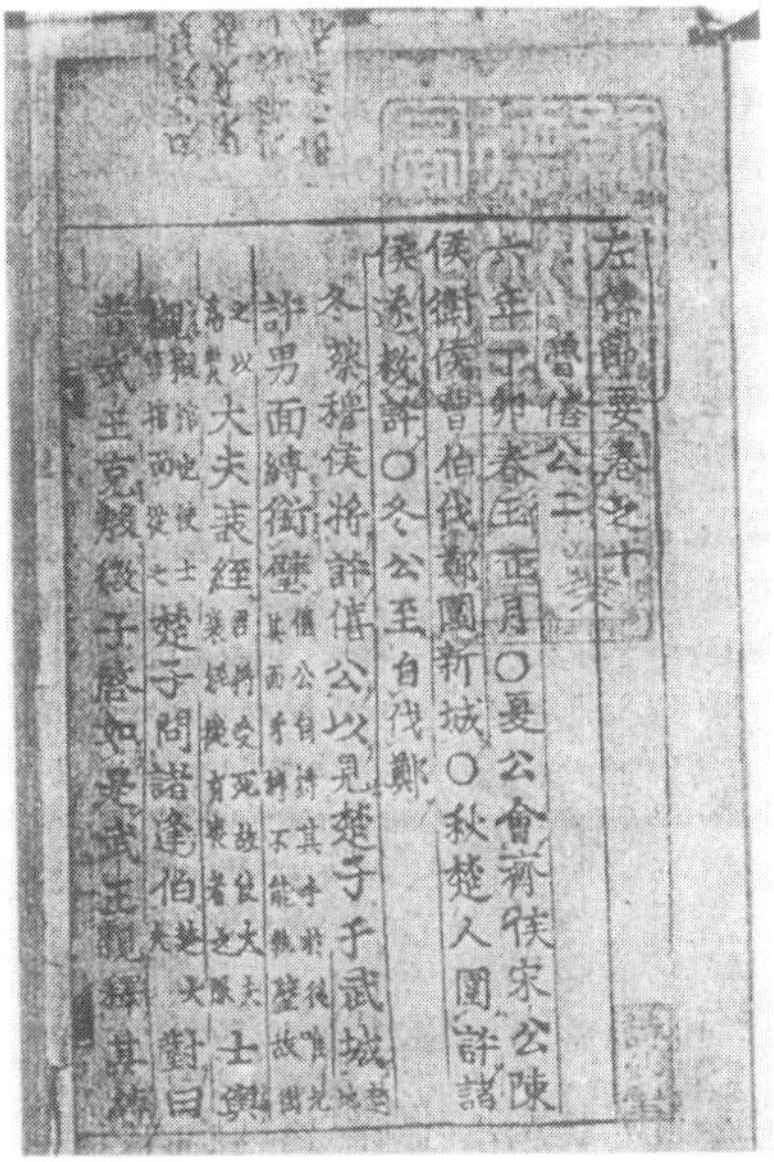
左傳節要巻之十
僖公二
六年丁卯春王正月○夏公會齊侯宋公陳
侯衛侯曹伯伐鄭圍新城○秋楚人圍許諸
侯遂救許○冬公至自伐鄭
冬蔡穆侯將許僖公以見楚子于武城
許男面縛銜璧大夫衰絰士輿
櫬楚子問諸逢伯對曰
昔武王克殷微子啓如是武王親釋其縛

『左伝節要』（石川丈山旧蔵）
南葵文庫

また、「詩仙堂」いう印も押してあります。京都に詩仙堂というところがあります。江戸時代の初めごろ、石川丈山という、もとは武士なのですが、京都に隠居をして、その後ずっと本を読んで暮らしていた方がいたところです。その石川丈山旧蔵の本なのです。

それから、『金瓶梅』というちょっと怪しげな小説があります。これは依田学海という幕末から明治にかけての学者が持っていたものです。依田学海は、森鷗外の先生です。森鷗外の『ヰタ・セクスアリス』という作品の中で、森鷗外が、名前は依田学海と書いてはいないのですが、向島の文淵先生のところへ勉強に行くと、先生の机の隅っこに『金瓶梅』がこっそり置いてあって、「先生もなかなか隅に置けないな」と思ったという話が出てきます。南葵文庫にある『金瓶梅』は、まさしく依田学海の旧蔵本ですから、ひょっとしたら依田学海先生が机の隅でこっそり読んでいて、森鷗外に見られてしまったその本なのかもしれません。

青洲文庫

次にもう一つ、青洲文庫をご紹介しておきたいと思います。山梨県に市川大門という町があります。今でも市川大門のあたりは和紙の産地としてよく知られているようですが、そこに渡辺家という江戸時代から代々紙問屋をしていた家がありました。幕末に御用商人をしていた家ですので、大変なお金持ちだったわけです。その渡辺家では、寿、信、沢次郎と三代にわたってたいへんな本好きで、その資産を背景に多くの本を買い集めました。市川大門の屋敷に大きな書庫を建て、二万四千九百冊くらいの本を持っていたようです。

市川大門というところは、甲府からまた身延線に乗り換えて行かなければいけないところで、今日の目から見ると、必ずしも交通便利な場所ではありません。しかし、そうした地方の素封家が、いい本を集めようという志を立て、立派なコレクションを作られたわけです。もちろん、その財力が背景にあるわけで

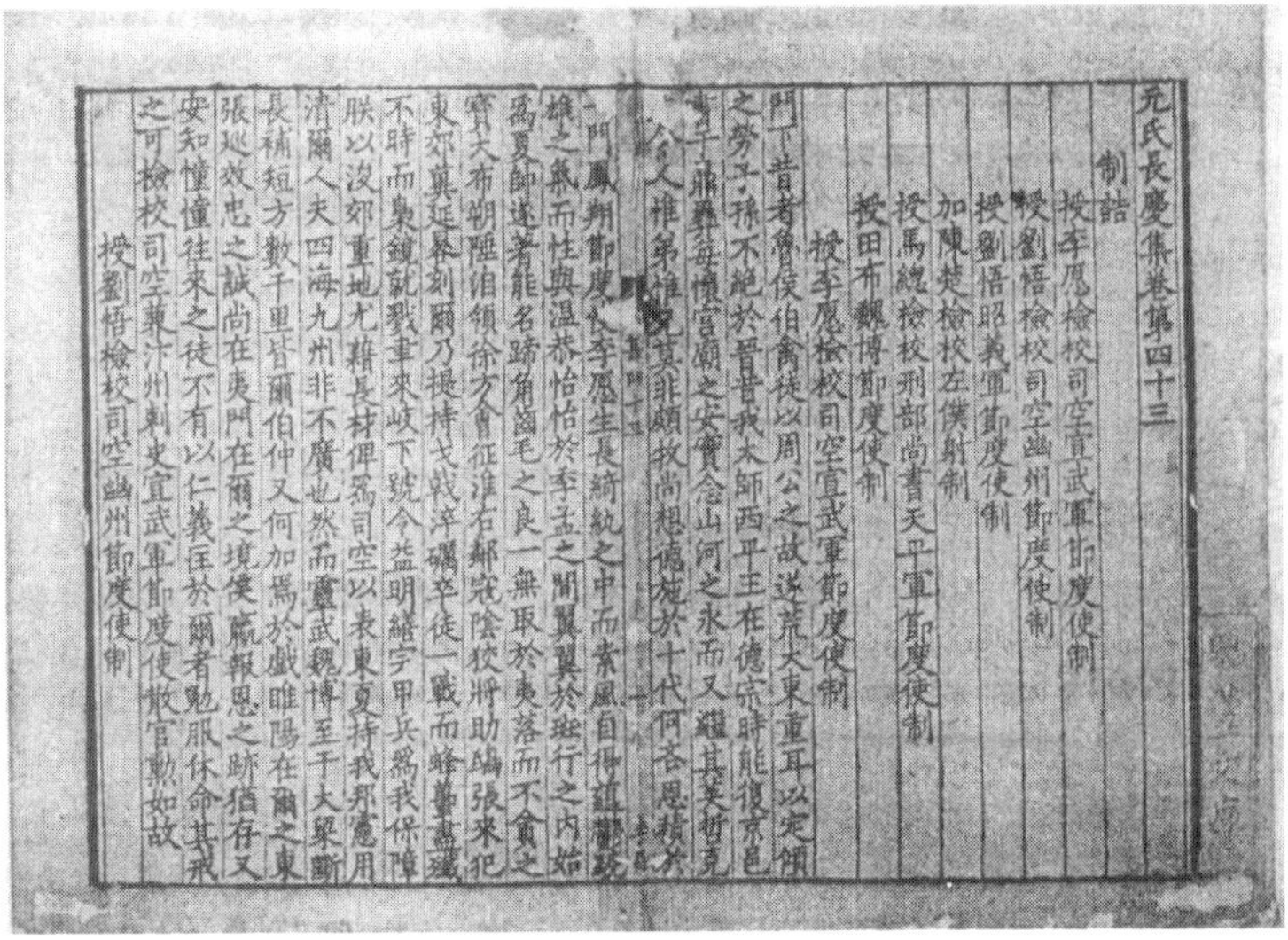

元氏長慶集卷第四十三
制誥
授李愿檢校司空宣武軍節度使制
授劉悟檢校司空幽州節度使制
授劉悟昭義軍節度使制
加陳楚檢校左僕射制
授馬總檢校刑部尚書天平軍節度使制
授田布魏博節度使制
授李愿檢校司空宣武軍節度使制
門下昔者魯侯伯禽徒以周公之故遂荒大東重耳以定[illegible]
之勞子孫不絶於晉晉秉太師西平王在德宗時能復京邑
[illegible]于鼎彝每懷宮廟之安實念山河之永而又繼其英哲克
[illegible]人惟弟[illegible]莫非頗教尚想德施於十代何吝恩積於
一門鳳翔節度[illegible]李愿生長綺紈之中而素風自得蘊藉跂
雄之氣而性與温恭怡怡於季孟之間翼翼於班行之内始
爲夏帥遂著能名蹄角齒毛之良一無取於夷落而不貪之
寶大布朔陲迫領徐方會征淮右鄰寇陰狡將助鴟張來犯
東郊冀延晷刻爾乃提持戈戟淬礪卒徒一戰而蜂蠆盡殲
不時而梟鎮就戮事來岐下號令益明緒宇甲兵爲我保障
朕以汝郊重地尤藉長材俾爲司空以表東夏持我邦憲用
清爾人夫四海九州非不廣也然而蠻武魏博至于大梁斷
長補短方數千里皆爾伯仲又何加焉於戲睢陽在爾之東
張巡效忠之誠尚在夷門在爾之境侯嬴報恩之跡猶存又
安知憧憧往來之徒不有以仁義匡於爾者勉服休命其戒
之可檢校司空兼汴州刺史宣武軍節度使散官勳如故
授劉悟檢校司空幽州節度使制

『元氏長慶集』（南宋刊本）青洲文庫

すが、この高尚な志が尊いと思います。こういう方が、昔はどこにでもおられたのです。

　関東大震災の後、徳富蘇峰が仲介に立ち、この渡辺家三代が集めた青洲文庫が全部、帝大の図書館に入りました。総合図書館の書庫の入り口脇に、貴重書を見る時の閲覧室があります。そこに「青洲文庫」という扁額が掛かっています。これは伊藤博文の書です。

　青洲文庫には、宋版の『元氏長慶集』など、宋元版が少なくありません。現在の東大総合図書館に、こうした宋版、元版が多く所蔵されていることは、たいへんな誇りであると思います。

　もう一つ、手短に申しますと、東大に寄贈された漢籍のリストに、「広東籌賑日災総会寄贈本」というのがあります。これは、当時の中華民国から寄贈された七千三百冊の本です。もちろん貴重な漢籍も多く含まれており、これも忘れてはならないものです。

関東大震災後の図書整理

関東大震災の後、帝大の図書館には、いろいろなところから、一時にたくさんの本がどっと入ってきました。それを、例えば南葵文庫の本は、そのまま崩さずに置いておく、あるいは青洲文庫の本はそのまま崩さずに置いておくということもあり得たと思うのですが、やはりそれでは不便なので、全部新しい分類の方法を考えて、新たに分類し直しました。その段階で、漢籍については、漢籍だけを取り出して別置するのではなく、和書といっしょに、和漢書として分類配架されました。漢籍だけを取り出すのであれば、中国の伝統的な図書分類法である「四部分類」によって分類配架するのが便利だったわけですが、そうではなく、和漢書の、例えばAは総合的なもの、Bは哲学、Cは宗教、Eは文学といった分類法を立て、そこに漢籍も分類配架したのです。ですから、例えば『論語』を探そうとすれば、それはBの哲学のところに、『元氏長慶集』は詩集ですので、Eの文学のところに配架されたわけです。

実は私どもが最初に大学院生として総合図書館の書庫に入れていただいた時には、どこにどの漢籍が置いてあるのかが、たいへん分かりにくかった。全部ほかの和書と一緒になってしまっており、総合図書館にいったいどれだけの漢籍があるのか、その全貌はまったくつかめませんでした。そもそも本を探すのに、著者のローマ字アルファベット順に並んだカードをくって見るしかなく、これでは漢籍を探すには、はなはだ不便だったわけです。

一九九五年に『東京大学総合図書館漢籍目録』という、四部分類で編集された総合図書館の漢籍目録が完成しました。これによってはじめて総合図書館の漢籍の全貌が明らかになり、どのような漢籍がどこにあるかが、簡単にわかるようになりました。

関東大震災後の図書整理にあたって、もう一つ触れておきたいことは、本の装幀についてです。漢籍は、もともと薄い紙の表紙による装幀で、縦置きができません。漢籍は、だいたい横にねかせて積んでおく形で収蔵されていたのです。震災後、新しい図書館になったとき、漢籍についても、何冊かをまとめて厚紙の背表紙を付け、縦置きにするようにしました。これは、実は漢籍の収蔵方法の歴史を考えると、かなり変わったやりかたです。大震災後の本の整理にあたっては、いわば欧化政策が取られたわけです。

最後に

図書館の実力が何によってはかられるかといえば、もちろん本の数がたくさんあることも大事ですが、数ばかりではなく、いい本をどれだけ持っているかということも大事だろうと思っています。古い時代の書物は、再び作ることはできません。江戸時代や明治時代、中国の明代や清代の本を、今再び作ることはできないわけです。昔の本については、先人たちが苦労して集めた遺産を、食いつぶしているというのが現在の状況だと思います。今の東大の図書館にある本、それらが焼けたとかなくなったということになりますと、もう絶対にとりかえしがつきません。今のわれわれは、先人たちによってずっと守られてきた書物を、いかに無事に守って後世に伝えていくかということに最大限の努力をしなければいけないわけです。

ご清聴ありがとうございました（拍手）。

質疑応答

（質問者）　鷗外文庫というものはどのくらいあるのですか。

（大木）　鷗外文庫、森鷗外の旧蔵本は、和漢書が三千九百九十五部、一万五千九百二十四冊、一万六千冊くらいですね、それに洋書が二千六百八十一冊となっています。鷗外文庫には、鷗外先生がいろいろ書き入れをされたものもあって、そのままの形で残っています。

先ほど、この図書館の本は、関東大震災の後、哲学、文学といった分類によって、本が配架されたと申しましたが、以前はこの鷗外文庫の本もいろいろなところに分けて入っていて、実は僕らが大学院生のころは外に借り出すこともできました。貴重なものですので、今では鷗外文庫として一カ所にまとめて、簡単には見られないような措置をしてあります。

（司会）　それでは、どうもありがとうございました（拍手）。

東京大学文学部漢籍コーナーの漢籍について

石川　洋

石川です。どうぞよろしくお願いします。今日私に与えられた題目は「漢籍コーナーの漢籍について」ですが、漢籍コーナーの漢籍というよりは、主に漢籍コーナーについてお話をしようと思います。最初から言い訳のようで気が引けますが、今日講演をされる先生方はそれぞれに専門の研究分野をお持ちですが、それに加えて書誌学の造詣も深く、漢籍の専門家といってもよい方々です。しかし、私はきちんと書誌学や図書館学を勉強したわけではありません。漢籍コーナーの助手を長い間やっていますので、全くの素人といってしまうと、何をやっていたんだということになりますが、強いて専門家というならば漢籍に詳しい「漢籍の専門家」ではなく漢籍コーナーに詳しい「漢籍コーナーの専門家」ということになります。漢籍の専門家と漢籍コーナーの専門家とでは大違いで、漢籍の専門家はどこにいっても通用しますが、漢籍コーナーの専門家というのは漢籍コーナーに置いておけばそれなりに使い道もあるのですが、それ以外で

はまるでつぶしがききません。そんなアウェーに弱い「漢籍コーナーの専門家」を引っ張り出して何をさせるつもりなのかと、今回の講演会のお話しを頂いた時は正直面食らいました。そこで大木先生にうかがったところ、漢籍コーナーの話をしてくれればいいということでしたので、それなら何とかなるかなと思い――何しろ漢籍コーナーの専門家ですから――お引き受けしました。企画者の意図を私なりに推し測ると、今日はまず大木先生から「漢籍とは何か」というお話があり、続いて橋本先生が四部分類の基本についてお話しされました。それを受けて、では実際に漢籍を四部分類で分類・配架して管理するとどういうことになるのかという実務的な問題を漢籍コーナーを例にしてお話しするというのが私の役目なのかと思います。今日おいでの方の中には、図書館で仕事をされている方も多くいらっしゃるようですので、何かの参考になればということで、漢籍コーナーについてお話しさせて頂きます。ただ、今日司会をされている、この講演会の企画者である東洋文化研究所図書主査の風巻さんに、「僕に漢籍コーナーの話をさせると愚痴になりますよ」といったら、「少しならいいけど、五十分間ずっと愚痴るのはやめて」と釘を刺されました。風巻さんが隣で目を光らせていますので、できるだけ愚痴にならないよう気をつけて漢籍コーナーについて話をしていこうと思います。

もう一つお断りしておきます。文学部の助手や助教というのは、いってみればガレー船の漕ぎ手――奴隷とまではいいませんが――のようなもので、毎日それぞれの職場で与えられた仕事をこなしていますが、自分の仕事に関わること以外は実はよく分かっていません。つまり文学部とか東大という「船」がどういう構造になっているのか、余所ではどこで誰がどんな仕事をしていているのか、この船がどっちに進んでいるのかなどはよく分かりませんし、ましてや船のお偉方たちが何を考えて、何をしようとしているのかなど知るよしもありません。今日、このあと「東大文学部では……」というような言い方をすることがあると思いますが、それは私がこうであろうと理解、あるいは推測していることであり、もしかしたら誤りがあるかもしれません。あくまで石川が理解している限りでは、ということで聞いて頂ければと思います。

前置きが長くなりました。本題に入ろうと思います。みなさんのお手元にレジュメがあると思います。このレジュメですが、レジュメ提出の締め切りが迫ってきて、その時に考えていたこと、思いついたことを書いていったらこんな大部なものができてしまいました。これを全て話していたら時間が全く足りませんので、細かい説明はレジュメを見て頂くことにして、私はポイントだけをお話ししていこうと思います。

東京大学の文学部は研究室というものを基本として動いています。文学部で研究室というと、もちろん「へや」という意味で使うこともありますが、多くの場合は「組織」としての研究室をいいます。文学部には、国文学や、社会学、哲学といった専門分野ごとに全部で三〇程の「研究室」があります。各研究室はスペースとしての「研究室」を持ち、構成員として教授、准教授、助教、大学院生、学部生、研究生などが所属しており、教育や研究の主たる場となります。予算も研究室ごとに配分されており、この研究室が、文学部の教育・研究活動を担ういわば基本ユニットになっています。図書についていうと、基本的には、研究室がそれぞれに配分された予算を使って図書を購入し、購入した図書は研究室に配架され、研究室で管理し、利用するということになっています。研究室とは別に文学部図書室があり、そこでは専門の司書職員が図書登録や目録作成などいわゆる図書館業務を行っていますが、文学部では研究室が図書業務の少なからざる部分を担当しており、図書はそれぞれの研究室のものという考え方が基本にあります。

そんな文学部にあって、「漢籍」の扱いだけはちょっと違っていて、中国思想、中国文学、東洋史など中国関係の研究室が購入した漢籍は、それぞれの研究室にではなく、漢籍コーナーに集中配架して、共同利用することになっています。漢籍コーナーは文学部の中でもかなり変わった存在なのですが、そもそも名前からして変です。図書室の中にいろいろなコーナーがあって、その一つが漢籍コーナーというのならまだ分かりますが、漢籍コーナーは一つの独立し完結した空間ですし、文学部に漢籍コーナー以外に何とかコーナーというのがあるわけではありません。コーナーというからには、どこかのコーナー、どこかの一部分ということになるのでしょうが、どこの一部なのかもよく分かりません。

この漢籍コーナーがどのようにして作られたかというと、話は一九六五年頃にさかのぼります。その頃文学部で「中央図書館構想」というものが出てきました。今述べたように研究室ごとに図書を配架、管理するというのではいろいろな不便があるということで、研究室の壁を取り除いた中央図書館を作り、その中に貴重書コーナー、雑誌コーナー、洋書コーナー、漢籍コーナーといった各種コーナーを作るということが考えられました。しかしこれは構想だけで終わり、実現には至りませんでした。一方、ちょうど同じ頃、一九六七年頃に、それまで合同研究室の体裁を取っていた中国哲学中国文学研究室が、中国哲学（現中国思想）と中国文学の二つの研究室に分かれることが決まりました。研究室が二つに分かれるということは、所蔵図書も二つに分けるということになるのですが、研究書はともかくも、いわゆる漢籍は、これは哲学、これは文学というように分けることが難しいし、分けてしまうと非常に不便なことになってしまいます。そこで、漢籍だけは分けずにどこか一箇所に置いて、共同利用できるようにしたいという考えが出てきました。こうした中哲、中文両研究室の思惑と、中央図書館計画における漢籍コーナーという構想とが端なくも合致したことで、中央図書館構想自体は頓挫し、洋書コーナーや雑誌コーナーなどは作られなかったのに、ただひとつ漢籍コーナーだけができてしまったというわけです。大学紛争などがあった関係で、実際に開室して利用が開始されたのが一九七〇年、翌年に東洋史研究室が加わり漢籍コーナーに図書を入れるようになり、その後、インド哲学、言語学、韓国朝鮮文化などの研究室も図書を入れるようになりました。

設置された経緯を見ると、何で漢籍コーナーという名前がついたのかはそれなりに分かるのですが、漢籍コーナーがどこのコーナーなのか、どこの一部なのかは、やはりよく分かりません。構想通り文学部中央図書館が作られていれば、そこのコーナーになっていたはずですが、そうならなかったわけですし、一方で中哲研究室と中文研究室の共同書庫として作られたという一面もあるのですから、研究室の一部とも考えられますが、研究室やその書庫とは性格を異にする開かれた公的な図書室としての性質も持っています。つまり、文学部の組織の中でどう位置づけられるかがはっきりしていないのです。はっきりしないことははっきりさせるべきだという考え方もありますが、はっきりしていなくてもそれで何とかなっているのであれば、無理にはっきりさせることはないという考え方もあります。無理にはっきりさせようとするといろいろと厄介なことになるというは経験則で分かっているので、大人の知恵を働かせて――もしかしたらただ面倒くさいというだけのことかもしれませんが、曖昧なまま、「漢籍コーナー」というよく分からない名前通りに、よく分からない存在として、漢籍コーナーはこれまで存在してきました。ただ、組織上とか規則上ということは別にして、実際の運営についていえば、研究室の一部として管理運営されています。少なくとも漢籍コーナーに関わる研究室の人間は、研究室が管理すべき、研究室側にあるものと考えています。従って、研究室がそうであるように、第一義的には研究室に所属している学生・教員の研究・教育の場として漢籍コーナーは考えられています。

現在は、中国思想・中国文学・東洋史・インド哲学・韓国朝鮮文化・言語学の六研究室の共同管理という形で管理運営されています。管理運営に関わる費用も、研究室が分担して負担しています。六研究室の代表教員からなる漢籍コーナー運営委員会が作られ、管理運営の責任を負い、日常業務は研究室出身の助手が行うことになっています。

では、実際に漢籍コーナーというのはどういうところかということを、写真をお見せしながら紹介していきます。漢籍コーナーは、開室以来法文二号館の二階にありましたが、二〇〇四年に赤門総合研究棟六階に移転して、現在に至っています。

これは移転後の、現在の漢籍コーナーの入口です（♯1）。

入口を入ると、右側に、参考図書室があります（♯2）。ここには、辞書や索引など、中国学でいう所の工具書、すなわち参考図書が配架されています。中央に机があり、ここで利用者が所蔵図書を閲覧したり、参考図書を使って勉強したりします。参考図書室には利用者用のパソコンが三台置いてあります。OPACの検索などはこのパソコンで行います。また、漢籍コーナーには電子版の四庫全書があり、パソコンはこれを利用するためにも使われます（＃3）。私が助手になったころは――はるか昔ですが――漢籍コーナーにある最先端のハイテク機器といえば黒電話機でした。今はこういうパソコンまで入っていて、文明開化というか、隔世の感があります。

＃1　漢籍コーナー入口（赤門総合研究棟6階）

＃2　漢籍コーナー参考図書室（閲覧室）

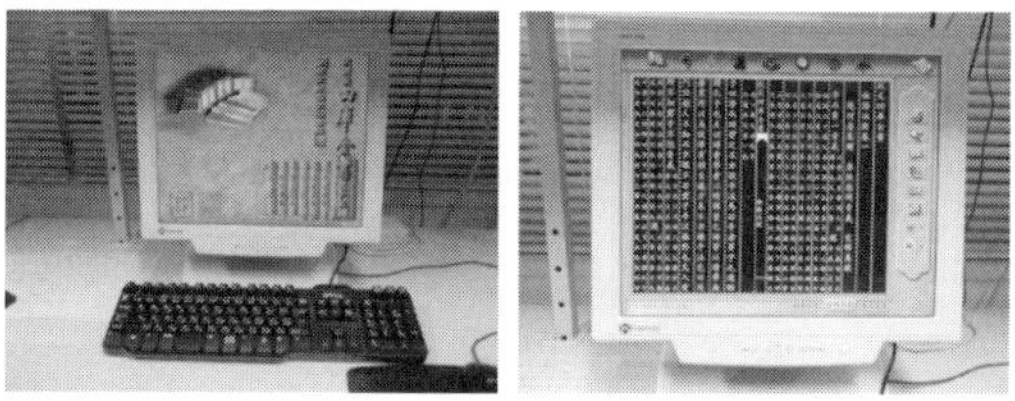

＃3　電子版『四庫全書』

書庫の入口です（＃4）。書庫の中に入ると、移動書架が並んでいます（＃5）。

こちらは移転前の昔の漢籍コーナーの書庫です（＃6）。これは現在の写真で、今は文学部図書室の準貴重書庫になっています。古い建物で部屋の天井が高く、そこに高さ三ｍを超える書架が狭い間隔で並んでいて、本がぎっしり入っていたので、薄暗い上に非常に圧迫感がありました。移転後の現在の漢籍コーナーの書庫とは雰囲気がかなり違います。いってみれば、裏通りにあったあやしげな古本屋が、明るく近代的なブックセンターに生まれ変わってしまったという感じです。

書庫の漢籍は四部分類で配列されています。書架にはこのように四部分類が表示されています（＃7）。

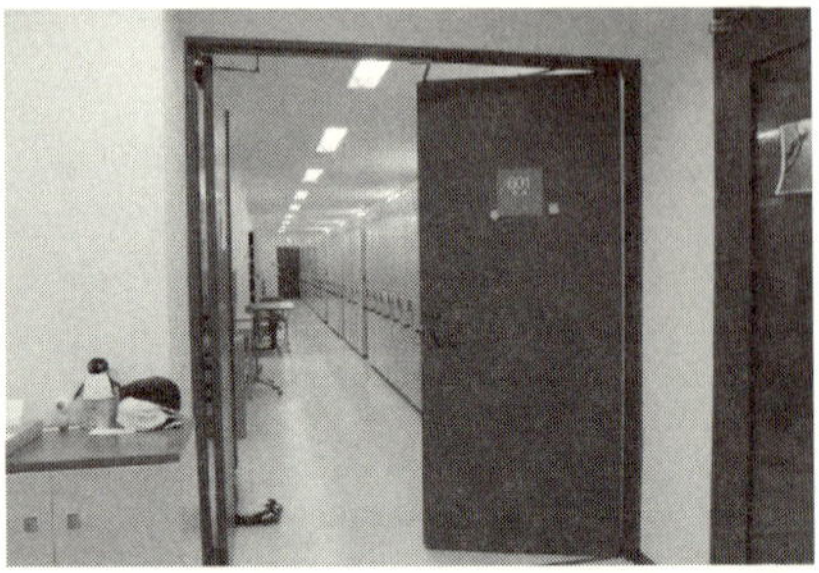

＃4　漢籍コーナー書庫入口

＃5　漢籍コーナー書庫

＃6　旧漢籍コーナー書庫（法文二号館2階）
※現 文学部図書室準貴重書庫

一部制限はありますが、漢籍コーナーは開架式で、学生を含め研究者であれば書庫にも自由に立ち入ることができます。基本的に、利用者は書庫に入って、自分で本を探すことになります。右側の写真は洋装本が並んでいるところ、左側は線装本が並んでいるところです（＃8）。本当は線装本は平積みにした方が本のためにはいいのですが、漢籍コーナーの線装本は全て帙に入れてあり、縦に置いても本が傷むことは少ないと思われるので、使い勝手と、スペースを節約するために、縦置きにしています。こちらは何も入っていない、空の書架です（＃9）。本好きの人なら、先ほどの本がぎっしり詰まった書架の写真に興奮さ

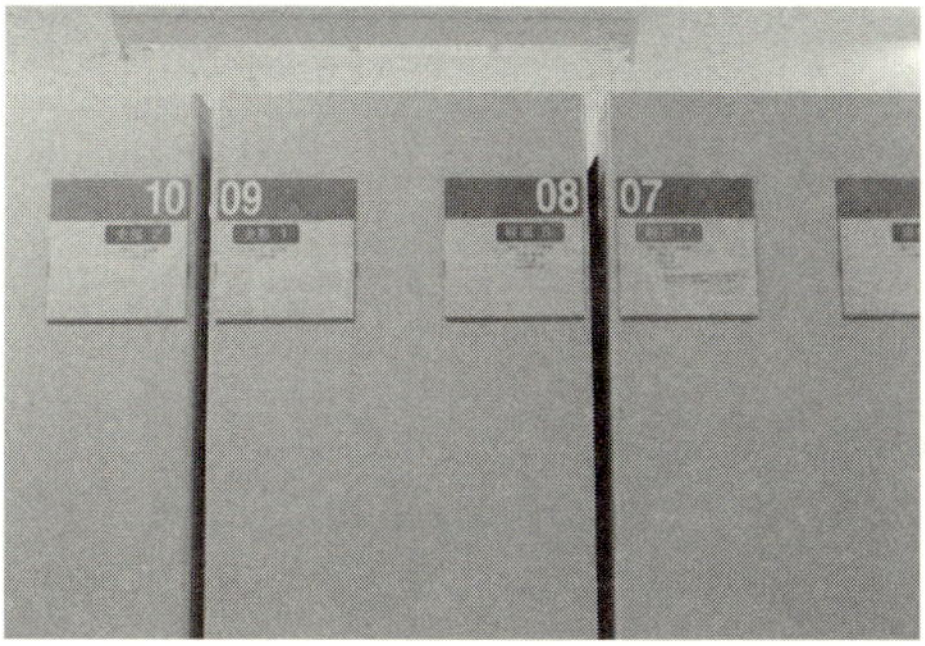

＃７　漢籍コーナー書庫　書架・四部分類表示

＃８　漢籍コーナー書庫

＃９　漢籍コーナー書庫

♯10　漢籍コーナー書庫 大型本用固定書架

♯11　貴重書庫

れると思いますが、配架スペース不足に悩む図書館職員の方ですと、むしろこちらをうらやんでくれるのではないかと思い空の書架の写真を持ってきました。移動書架にしたこともあって、現段階では、まだスペースに余裕があります。人文学の場合、本は消耗品ではありません。本を捨てるということは基本的にはないので、本は増えていく一方です。移転の際に移動書架を入れたのはとにかく配架スペースを増やしたかったからです。ただ、使い勝手としては、やはり固定書架の方がいいように思います。

大型本を配架するために書庫の一角に固定書架を設置しています（♯10）。書架の前に段ボール箱が積みあげられていますが、中には未整理の本が入っています。これをうかつに開けると仕事が噴き出してくる仕組みになっているので、できるだけ見ないようにして日々過ごしています。

こちらは貴重書を別置してある貴重書庫です（♯11）。施錠してあり、利用者は立ち入れません。貴重書庫には除湿機と空調機があり、二十四時間空調しています。加えて、書架には調湿ボードが組み込まれており、メーカーのうたい文句を信じれば、これによって正倉院並みの環境が保たれていることになっています。

次に、漢籍コーナーの蔵書についてお話しします。まず、蔵書数ですが、タイトル数としては概数で一万四〇〇〇点以上、冊数でいえば一〇万冊を優に超える図書が所蔵されています。そのうち、線装本はおよそ七五〇〇〇冊ぐらいですので、蔵書の大部分は洋装本ということになります。

最初に漢籍コーナーは中国関係の研究室が購入した図書を集中配架するところだといいましたが、漢籍コーナーは研究室が購入した図書を受け入れるだけで、図書の購入はしていません。従って、蔵書の性質――どういう図書を漢籍コーナーに揃えるかは、研究室の考えによるところが大きいのですが、研究教育に必要な基本図書を揃えるということを基本方針にしています。従って、特に貴重な稀覯本を集めるというようなことはしていません。とはいえ、東大文学部自体、明治以来の中国学の伝統のあるところですから、貴重なものも少なくありません。宋元版はありませんが、明版、清版、鈔本などがあり、そのうち特に貴重なもの――明版二十三点、鈔本二点と、朝鮮語学研究者小倉進平教授（京城帝国大学・東京帝国大学教授。一八八二―一九四四）の旧蔵書である小倉文庫七三五点を貴重書に指定して、貴重書庫に別置しています。

コレクションとしては、この小倉文庫以外に、瀧田繊維工業株式会社社長・会長で禅籍研究者でもあった瀧田英二氏（一九〇四―一九九八）の旧蔵書である瀧田文庫があります。また漢籍コーナーのコレクションとはいえませんが、満鉄から総合図書館に寄贈され、関東大震災で大部分が焼失してしまった白山黒水文庫のうち、焼失を免れたものが何点か漢籍コーナーにあります（♯12）。

これもコレクションとはいえませんが、由来が珍しいものとして「青島鹵獲書籍」と呼ばれるものがあ

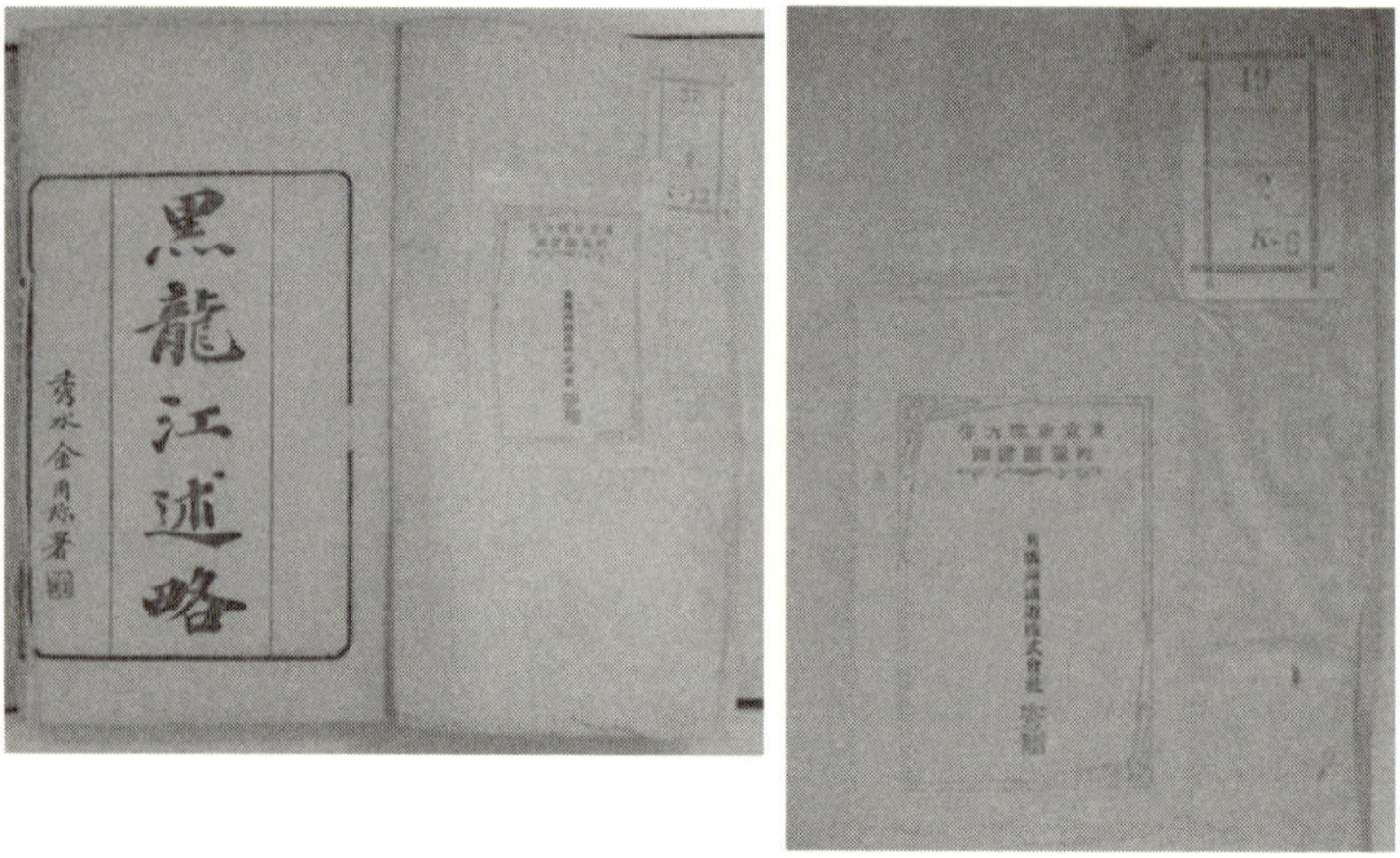

＃12　白山黒水文庫（南満洲鉄道株式会社寄贈本）

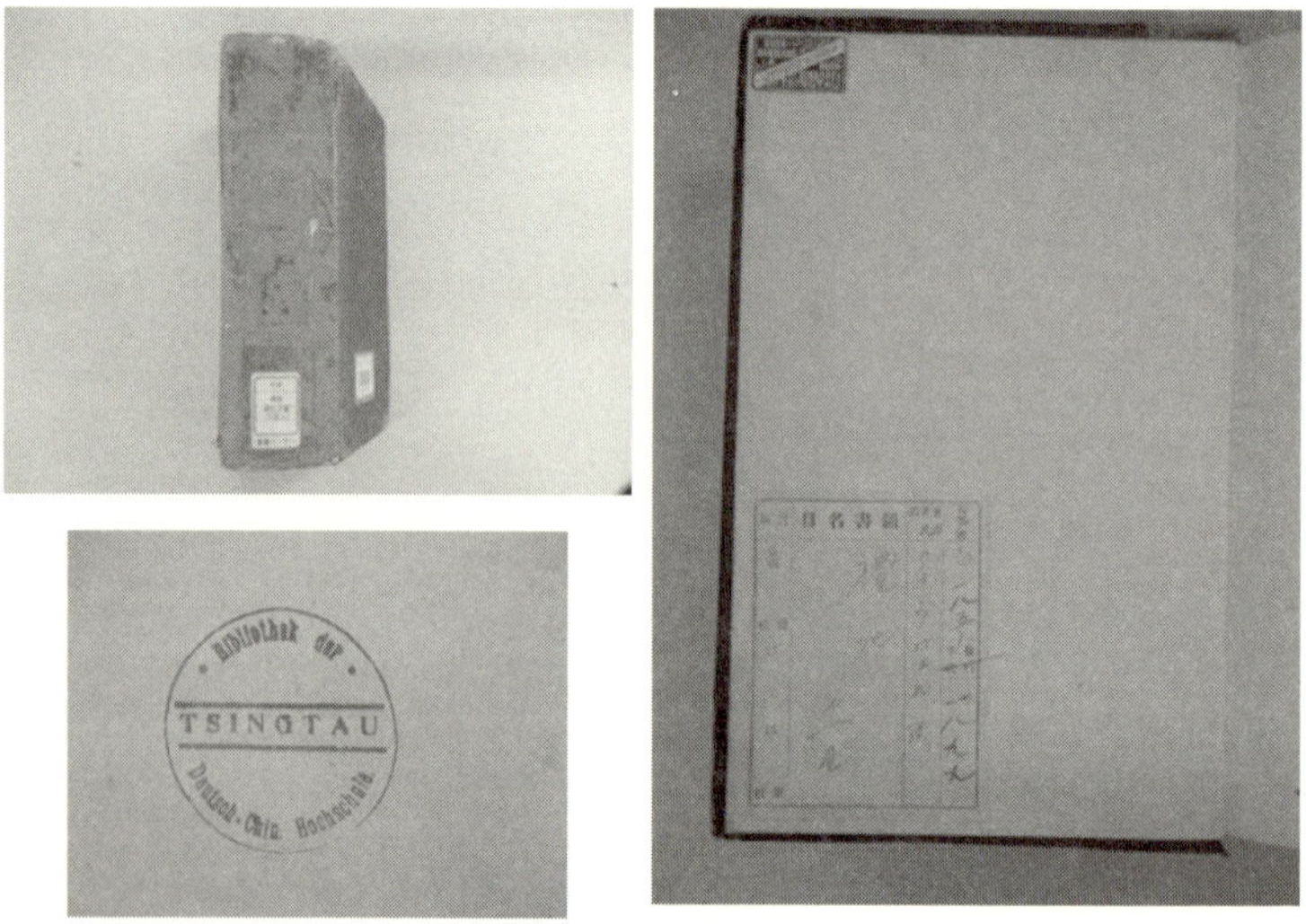

＃13　青島鹵獲書籍『礼記』（フランス語訳）

ります。第一次世界大戦中、日本軍が当時ドイツの租借地だった中国の青島を占領しました。その際日本の青島守備軍が同地の図書館や学校の蔵書を接収し、日本内地の大学などにおくったのですが、この時東大におくられた図書の一部が漢籍コーナーに所蔵されています。

「青島鹵獲書籍」の一例、『礼記』のフランス語訳本です（♯13）。左下の写真は、青島にドイツが設立した徳華高等学堂の蔵書印です。右の写真の左下に見える紙は、日本の青島守備軍が本を接収したときに貼った付票です。この青島鹵獲書籍については金沢大学の持井康孝教授が調査・研究をされています。数年前、珍しく学部が漢籍コーナーに図書補修のための予算をつけてくれたことがあったのですが、その時この『礼記』も表紙がだいぶ傷んでいたので補修に出しました。補修に出した数日後、持井先生が初めて漢籍コーナーに来られ、ここにこういう本があるはずだがといわれる中に、この仏訳『礼記』があったので、「あるけれども、補修に出したところです」というと、持井先生の顔色が変わり、「第一次世界大戦中に日本軍が青島で接収した図書の調査をしていて、それはそのうちの一冊だと思われる。もし補修によって表紙が外され、そこに貼ってある付票や蔵書印がなくなってしまったら、青島から来た本であるという証拠がなくなる」といわれました。私はそこで初めて青島鹵獲書籍のことを知り、慌てて修理業者に電話して、修理をやめさせて取り戻したという、人騒がせな本です。これだけの蔵書があると、その中にはどんなものがあるのか分からないので、下手をすると取り返しのつかないことになりかねないということです。

これは『通志』という本ですが、同じく青島鹵獲書籍です（♯14）。こうした線装本、いわゆる漢籍もかなりの数あります。守備軍の付票が貼ってありますし、蔵書印もあります。

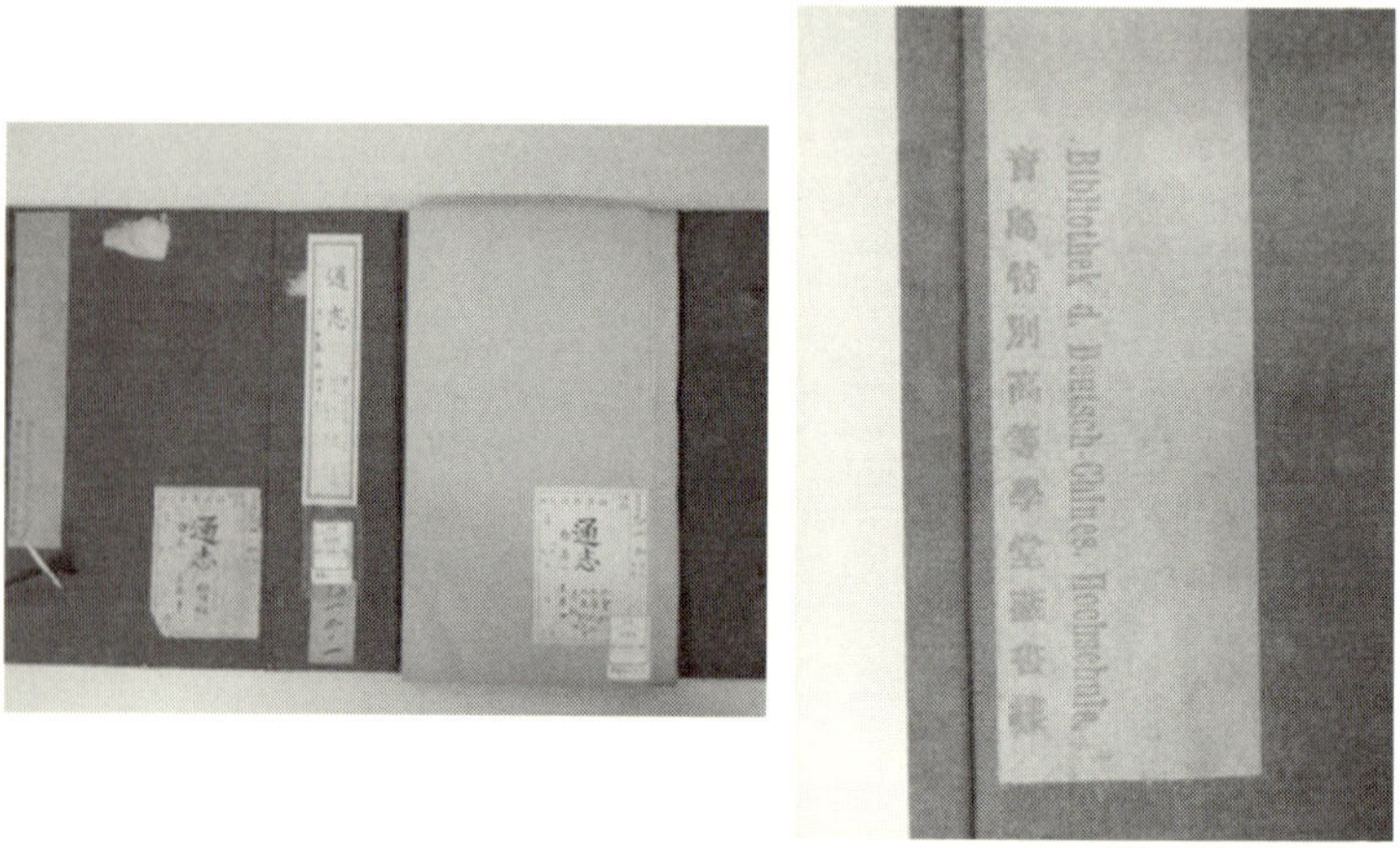

♯14　青島鹵獲書籍『通志』

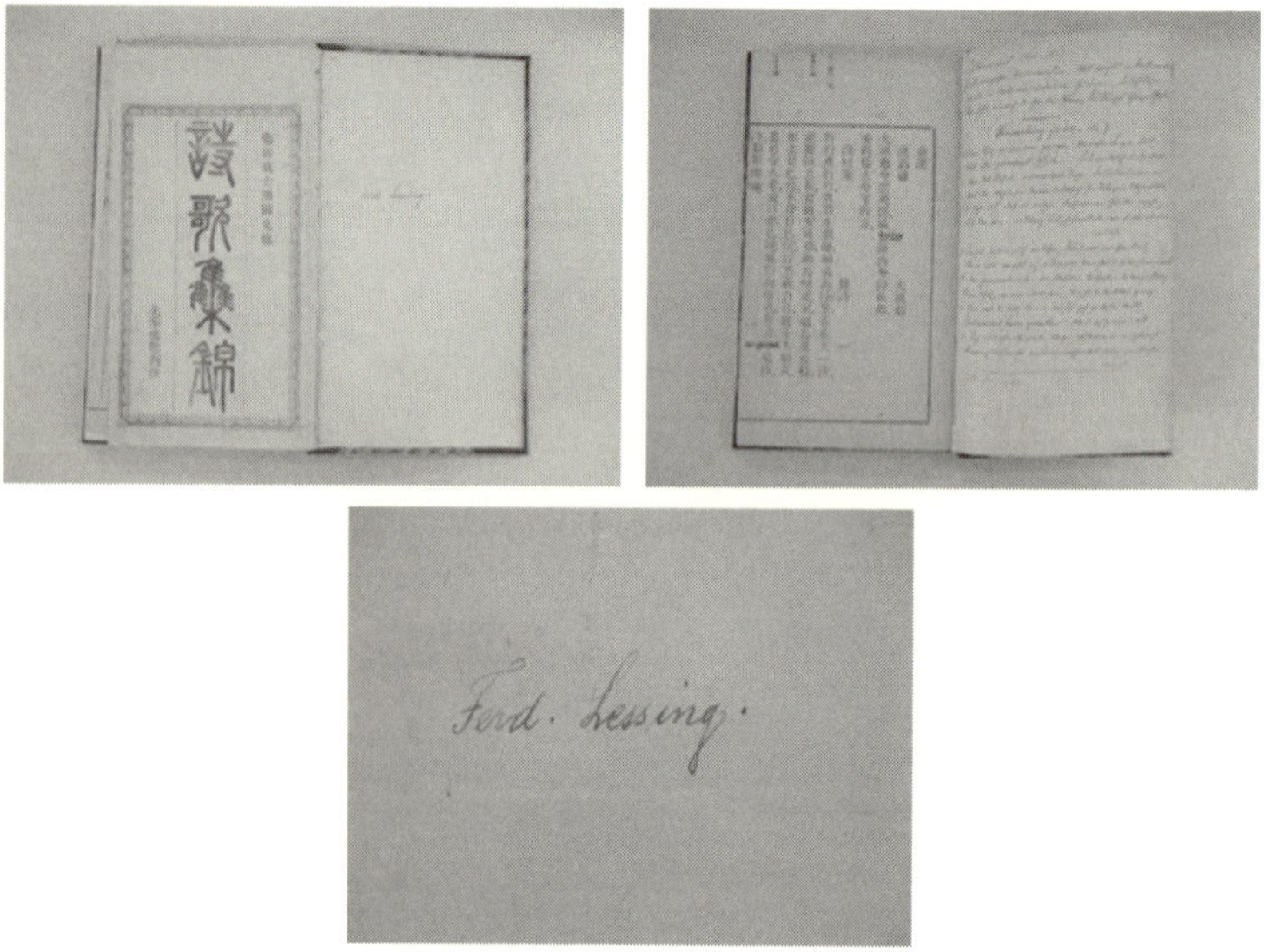

♯15　青島鹵獲書籍『詩歌集錦』
Ferdinand Diederich Lessing 書き入れ本

もう一冊、青島鹵獲書籍の中から珍しいものを紹介します。これは、『詩歌集錦』という本ですが、フェルディナンド・ディートリッヒ・レッシング（Ferdinand Diederich Lessing 一八八二―一九六一）という人のサインと書き入れがあります（♯15）。持井先生からの受け売りですが、レッシングは、当時の徳華高等学堂の助手で、ドイツ語圏で使われていた中国語発音表記の方式を編み出した人だそうです。表紙裏にレッシングのサインがあります。右上の写真はその本文部分ですが、左側の頁は印刷された中国語で、右側の頁は手書きのドイツ語で、恐らくレッシングが中国語の詩をドイツ語に翻訳し、手書きしたものだと思われます。つまり元々の中国語の本の頁と、レッシングの手書きのドイツ語訳とを貼り合わせて作った、いわばハイブリッド本です。

漢籍コーナー所蔵図書の目録ですが、完全な冊子体目録というのはありません。以下のような、明版、清版（経部・史部）、鈔本、小倉文庫、瀧田文庫といった蔵書の一部についての目録が作られているだけです。

①東京大学文学部中国哲学中国文学研究室編『東京大学文学部中国哲学中国文学研究室蔵書目録　坿書名人名通検』、東京大学文学部、一九六五年。
②山本仁編「東京大学文学部漢籍コーナー所蔵明版目録」、『中哲文学会報』（東大中哲文学会）第七号、一九八二年。
③山本仁編「東京大学文学部漢籍コーナー所蔵鈔本目録」、『中哲文学会報』（東大中哲文学会）第八号、

一九八三年。

④山本仁・高橋良政編「東京大学文学部漢籍コーナー所蔵清版目録（一）」、『中哲文学会報』（東大中哲文学会）第一〇号、一九八五年。

⑤山本仁・高橋良政編「東京大学文学部漢籍コーナー所蔵清版目録（二）」、一九八七年。

⑥福井玲編「小倉文庫目録」、『朝鮮文化研究』（東京大学大学院人文社会系研究科・文学部韓国朝鮮文化研究室）第九号、二〇〇二年。

⑦福井玲編「小倉文庫目録　其二　旧登録本」、『朝鮮文化研究』（東京大学大学院人文社会系研究科・文学部韓国朝鮮文化研究室）第一〇号、二〇〇七年。

⑧末木文美士編『東京大学大学院人文社会系研究科インド哲学仏教学研究室所蔵瀧田文庫目録　附東京大学大学院人文社会系研究科インド哲学仏教学研究室所蔵和漢古書目録』、東京大学大学院人文社会系研究科インド哲学仏教学研究室、二〇〇一年。〔＊附記〕

また、ＯＰＡＣには、参考図書室の図書は全て入力されていますが、書庫の漢籍については現在も遡及入力を続けているという状態です。従って、完全、というか完全に近い目録としてあるのは漢籍コーナー内にあるカード目録だけということになります。

次に、漢籍コーナーにおいて「漢籍」とは何か、漢籍コーナーはどういうものを漢籍と考えているかということについてお話しします。実務的にいえば、関連研究室が購入した図書のうち、どのようなものを漢籍コーナーは受け入れているかということです。

まず、漢籍コーナーの蔵書を形態について見てみると、線装本だけではなく、洋装本、巻子本から電子データまで様々です。漢籍というと線装本がイメージされるかもしれませんが、漢籍コーナーでは図書の形態で漢籍かどうかを決めているわけではありません。

基準はその内容ということになります。普段利用者に漢籍コーナーにはどのような本があるのですかと訊かれると、「中国前近代の原典資料です」と答えています。では、そこでいう原典資料とは何かといえば、『史記』や『論語』を例にすると、『史記』や『論語』の本文があるということです。本文そのもの、あるいは本文があって、それに注釈が添えられたもの、あるいは本文を翻訳したものを、受け入れるべき図書――漢籍としています。

例としてこれは実際に漢籍コーナーにある『史記』です（♯16）。日本語訳されたもの、あるいは英語訳されたものもあります（♯17）。それから、こちらは『論語』のアイスランド語訳です（♯18）。本当にそうかといわれると、アイスランド語は分からないので自信はありませんが、表紙の絵や本文中の漢字などから考えるとそうなのでしょう。

いま見ていただいた、様々な形態、様々な言語で書かれた本は、全て『史記』『論語』の本文であるということで、「漢籍」として漢籍コーナーに入れてあります。では、逆に、どういう本が駄目なのかというと、思いっきり×を付けさせてもらいましたが、大木康著『史記と漢書』、橋本秀美著『論語』は駄目です（♯19）。どこが駄目かというと、これは『史記』や『論語』の本文ではない、本文がメインではな

『史記』(中華書局)

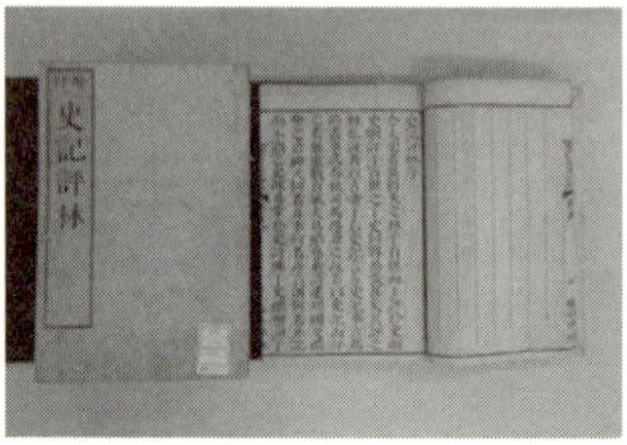

『史記評林』(和刻本)

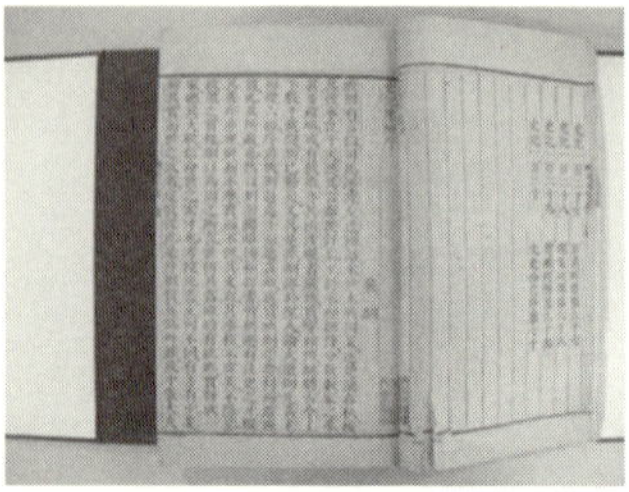

『史記集解』

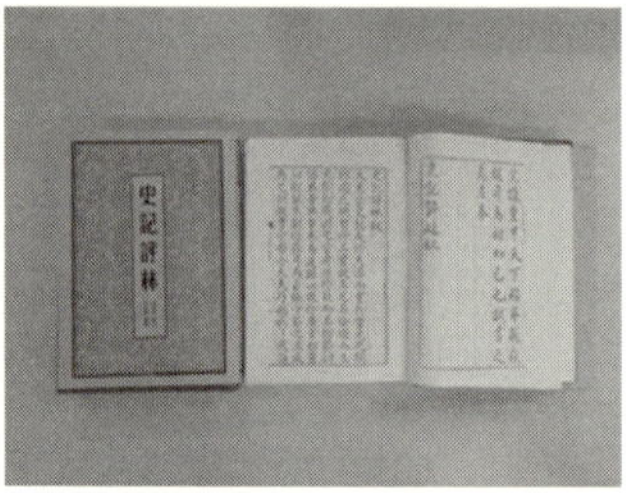

『史記評林』(影印本)

♯16

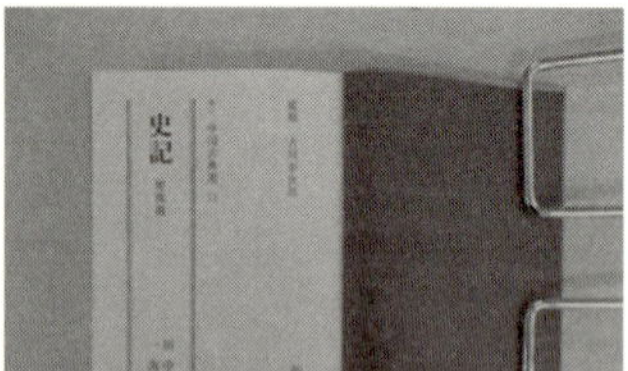

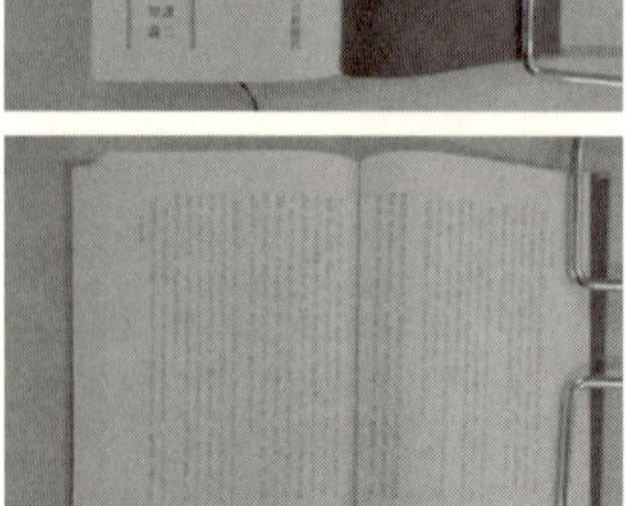

『史記』(和訳)

『史記』(英訳)

♯17

♯18　論語（アイスランド語訳）

♯19 「漢籍」ではないもの

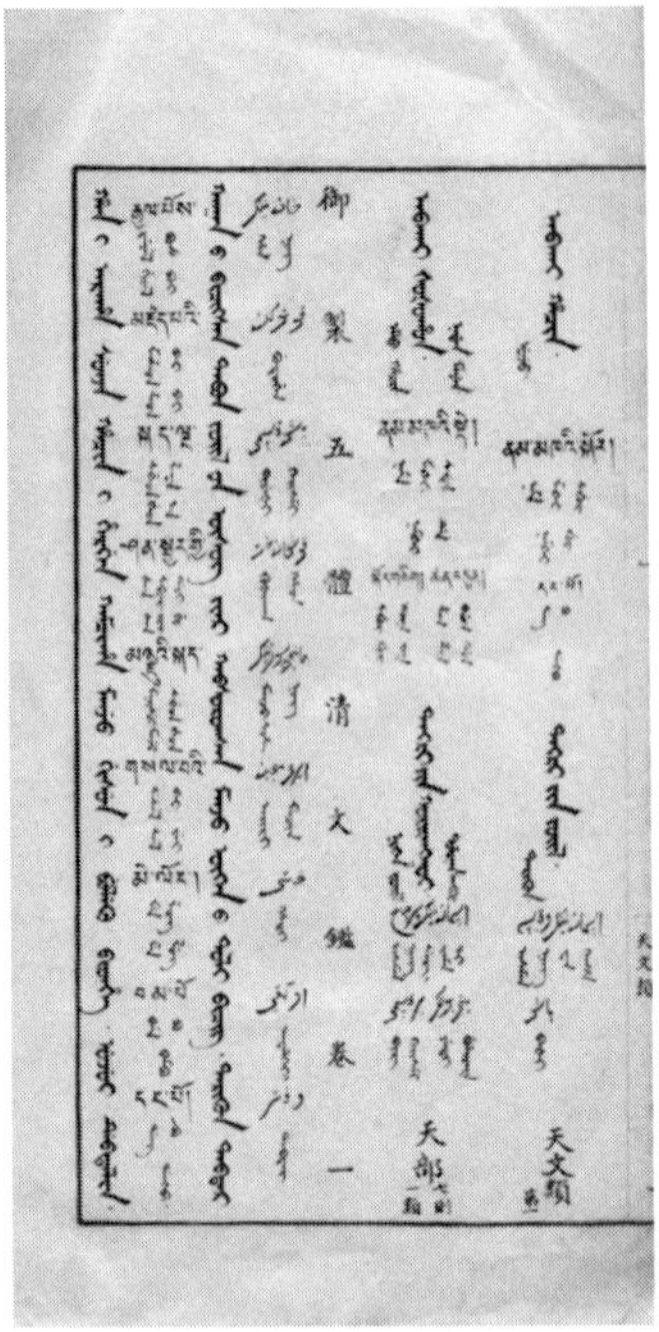

＃20　御製五体清文鑑

いということで駄目なのです。『論語』や『史記』『漢書』についての研究書であって、漢籍コーナーに入れる本ではないということになります。これで「原典資料」という言葉の意味はだいたい分かっていただけたのではないかと思います。

次に、「中国前近代の原典資料」という時の「中国」ですが、これは「中国語の」ということではありません。先ほどいいましたように翻訳がOKなのですから、中国語が主であることは間違いありませんが、日本語、ハングル、それから欧米語の本も入ってきます。

一例ですが、これは『御製五体清文鑑』という本で、中国語、満洲語、モンゴル語、チベット語、ウイグル語が一緒になっています（＃20）。どれがウイグル語かという質問はしないでいただきたいのですが、こうした本も漢籍コーナーに入っています。

「中国前近代の原典資料」の「中国」は「もともと中国で書かれた」ということになろうかと思いますが、漢籍コーナーの蔵書が全て「もともと中国で書かれた」ものであるかというとそうではありません。先ほどコレクションとして紹介した小倉文庫の大半は朝鮮漢籍ですし、その他日本関係の資料も漢籍コーナーに配架されています。一部ですが中国以外の資料も入っていますので、実際のところ、「中国」が絶対的な縛りになっているわけではありません。

次に「中国前近代の原典資料」の「前近代」ですが、一応、一九一一年の辛亥革命を一つの区切りにしています。といっても、一九一一年まで生きていた人、本を書いていた人たちが、一九一一年にみんな死んでしまったり、本を書くのをやめてしまったわけではなく、大抵の人は一九一一年をまたいで生き、本も書いています。一九一一年にしろ、辛亥革命にしろ、ある時点をもって線引きするというのは難しい、というか不可能です。後述する事情もあって、前近代、辛亥革命以前という線引きも曖昧になってきていて、一九二〇年代や一九三〇年代の資料も漢籍コーナーで受け入れるようになってきています。

「漢籍とは何か」と考える時、それを書誌学的定義の問題として考えることもできます。しかし、漢籍コーナーにおいて「漢籍とは何か」という問題は、そうした書誌学的問題とは別に、漢籍コーナーが受け入れるかどうかという、学問的というよりは実務的な問題としてあります。つまり本をどこに置くのかという問題であり、これは漢籍コーナーだけではなく、研究室や利用者にも関わってくる問題であり、配架スペースや使い勝手といった、たぶん書誌学者が全く考えないような——考えなくてもいいようなことも考えなければならないのです。

実際問題として、研究室が買った本の置き場所としては、研究室か、三号館図書室（文学部三号館地下にある研究室共有の図書スペース）か、漢籍コーナーかという三つの選択肢しかありません。スペースの有無――どこに置けるのか、使い勝手――どこに置いておくのが便利かといったことも考え合わせた上で、漢籍コーナーにいれるかどうか――「漢籍」かどうかが決まってきます。

はっきりいってしまうと、漢籍とは何かという明確な定義や理念が漢籍コーナーにあるわけではありません。ただスペースはある。理念はないけどスペースはある、ということで、配架スペース不足の研究室から漢籍コーナーに置いてほしいと頼まれると、むげに断るわけにもいかず、かなり広範囲な本を受け入れることになってしまっているわけです。現在漢籍コーナーに一九二〇年代、三〇年代の資料も置いているというのは、中国における近代の始まりが二〇年、三〇年代以降であると考えているからではなくて、利便性やスペースの問題で、そうした本も漢籍コーナーに置かざるをえなくなったということです。

なんだ漢籍コーナーといいながら実は何でもありなのかと思われてしまうと、それもちょっと困るのでいっておきますと、漢籍コーナーの大部分の本は「中国前近代の原典資料」という定義の範疇に収まるものです。ただ、その定義による厳密な線引きは困難であり、境界はどうしても曖昧にならざるを得ないし、諸々の事情から漢籍コーナーにおける「漢籍」の範囲は膨張傾向にあるということです。

漢籍コーナーではこうした「漢籍」を四部分類で分類しています。では――漢籍コーナーにおいてということですが――四部分類で本を分類したり配架することにどういう意味があるのかについてお話しします。

文学部の研究室では、基本的に研究室独自の分類法で本を分類しています。漢籍コーナーには複数の研究室が本を持ってきますが、中国思想、中国文学、東洋史といった複数の研究室が共有し得る分類法として、この四部分類があるのです。ちなみに、漢籍コーナーに本を持ってくる研究室も、自分たちの研究室に置く本については、それぞれの分類法で分類をしています。ですから、四部分類という分類法があるからこそ、漢籍コーナーが可能になっているということもできます。ただ、それは、たまたまそういう都合のいい分類法があったから漢籍コーナーができたということではなくて、哲学、文学、歴史学、言語学といった西洋的な学問領域区分とはもともと異なる中国の学問のあり方が四部分類を生み出し、そしてまたそういう中国学のあり方が、歴史・哲学・文学という枠を越えた漢籍コーナーを必要としたということだと思います。

四部分類というものを金科玉条のように守らなくてはいけないということではありませんが、中国学をやろうとすれば、とりあえず四部分類の基本は知っておかなければなりません。現在大学で本を探そうとするならば、ＯＰＡＣの使い方を知っていなければなりませんが、それと、中国学をやるときに四部分類を知らなければいけないということとは、意味が違います。私が助手になって数年たったころですが、大学院の入試で「四部分類について説明しなさい」という問題が出たそうです。大学院入試でＯＰＡＣの使い方を問われることはまずあり得ないでしょう。四部分類は、中国のある学問観――あるいは価値観、世界観といってもいいかもしれませんが――の表現であり、四部分類を知っているというのは、本が探せるという以上に、そうした中国の伝統的なあるものの考え方を理解しているということであり、だからこそ大学院の入試問題にもなり得るのです。

四部分類は難しいと思われるかもしれませんが、そうではありません。誰だって最初は分からないわけですし、分からなければ難しいとか、使いにくいと思うのは当然ですが、慣れてしまえば、少なくとも中国学をする者にとっては、四部分類は分かりやすくて便利な分類・配列法です。逆の話ですが、とある大学の先生をしている私の友人がいっていたのですが、そこの大学の図書館には『二十四史』がそろっているけれど、それが全部著者名順に並べられているそうです。これでは四部分類に慣れた人間、中国学をする人間にとってはものすごく使いにくいことになります。要は慣れで、最初は分からなくても、漢籍コーナーで本を探していると、だんだんと四部分類も分かってきますし、それだけではなく、四部分類の裏にある中国のあるものの考え方も見えてきます。いってみれば、漢籍コーナーで本を探すということが、利用者、特に中国学初学者にとっては、いい「訓練」、「お勉強」にもなるのです。

先ほど橋本先生のお話をお聞きになってお分かりのように、四部分類というのは内容分類です。中国の学問のあり方・発想に基づく内容分類であるということが、四部分類の一番の強みです。漢籍を使う具体的な状況を考えてみましょう。例えば『論語』を調べなければいけないとします。そんな時、漢籍コーナーの経部・四書類・論語之属という分類のところに行けば、『論語』がずらっと並んでいるわけです。『論語』の原文もあれば、翻訳もあるし、『論語』に注釈が付けられたものもあって、それが全部時代順に並んでいます。『論語』を見ようという人にとって、これは非常に便利で使い勝手がいいのです。某大学図書館の『二十四史』ではありませんが、これが、例えば「哲学」に分類され、他の哲学者・思想家の著書と一緒になって著者名順や書名順に並んでいたらと考えるとぞっとします。少なくとも中国学をする人間はぞっとするでしょう。また、唐代の詩人——例えば李白に興味があるのならば、集部・別集類・唐五代之属の盛唐という分類のところに行けば、李白の詩集が注釈のついたものから翻訳まで含めて全てまとまって置いてあります。さらに、そこで左右を見てみると、李白と同時代の人たちの詩文集も並んでいます。そうすると、李白の時代にはこういう人がいて、こういう詩を書いていたのかというようなプラスアルファの発見もあります。

最初にお話ししましたように、漢籍コーナーは研究室の学生の教育・学習の場として考えられています。その教育・学習の場としての漢籍コーナーを支えているのは、一つにはこの四部分類であり、もう一つは開架方式をとっているということです。書庫に自分で入って本を探してみること、いろいろな本を手に取って見てみること、そうしたことに実は大きな意味があるのです。特に、これから中国学を勉強しようとする人にとって、それは非常に意味のある大切な経験なのです。先生たちは学生たちに「暇があれば、漢籍コーナーの書庫をうろうろしてみなさい」とよくいいます。書庫をうろうろして、いろいろな本を見て、触れてみることで得られるものがたくさんあるのです。

四部分類というのは単なる蔵書整理番号ではありません。先ほど橋本先生のお話の中にも出てきましたが、本の整理ということだけを考えれば、極端な話、分類などする必要はなくて、端から1、2、3……と番号を付けていってしまってもいいはずです。利用者は目録やOPACを使って、自分が見たい本の番号を調べる、で、その番号のところに行けば、その本がある――そういうふうにしてしまったら助手は楽になるだろうなと思うし、事実、文学部の研究室の中にはそのようにしているところもあるようです。ただ、そうしてしまうと、恐らく教育・学習の場としての漢籍コーナーではなくってしまう――といってしまうといい過ぎかもしれませんが、少なくともその機能の一部は失われてしまうような気がします。教育・学習というと、本を閲覧する閲覧室ですることだと思うかもしれませんが、実は漢籍コーナーの場合、本が並んでいる書庫それ自体も重要な教育・学習の場なのです。書庫は単なる本置き場ではないのです。

このように四部分類のいい点というのもたくさんあるのですが、一方で難しい問題もあります。

まず一つ、漢籍コーナーで起きた具体的な問題をお話しします。一九九〇年代後半だったと思いますが、大学の方針として、図書管理のカードレス化、つまり図書カードによる管理からOPACによる管理へと移行することが決まりました。中国書の場合、システムの中国語対応の問題があって、移行が遅れましたが、二〇〇〇年前後には中国書についてもカードレス化が始まり、既存図書のOPAC遡及入力も始まりました。そこで漢籍コーナーとして今後本をどう管理していくのか、OPACへのデータ入力をどのようにするかなど考えなければいけない問題がたくさん出てきました。加えて、ちょうどその頃漢籍コーナーが赤門総合研究棟に移転するという話が出てきて、その準備もしなければならなくなりました。

そこでまず何をしなければいけなかったかというと、図書に背ラベルを貼ることでした。信じられないかもしれませんが、漢籍コーナーの蔵書にはそれまで所蔵や分類を示すラベルが貼ってありませんでした。遡及入力するにしろ、本を移動するにしろこれでは困るということで、全ての本について、もう一度分類

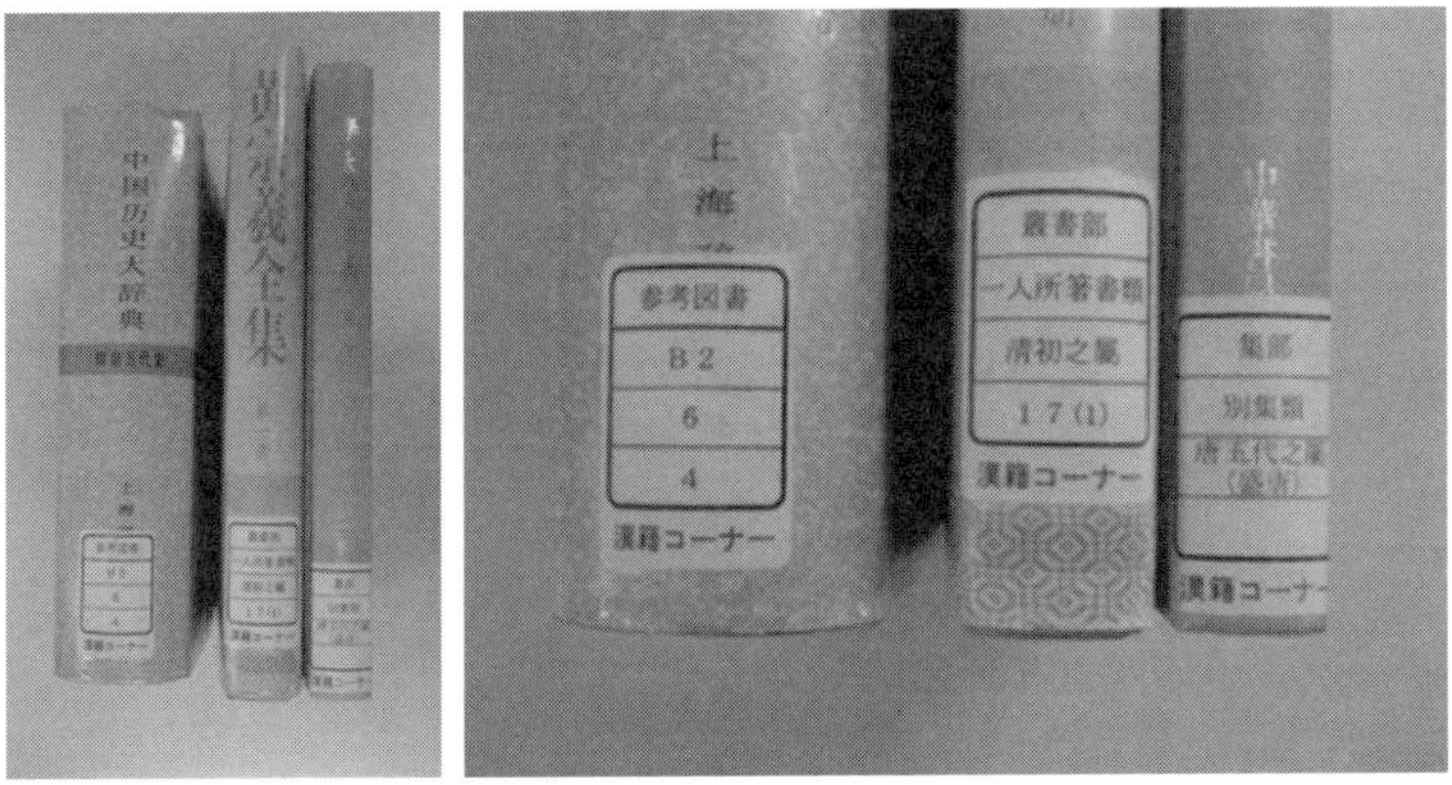

＃21　漢籍コーナー背ラベル

を確認して、背ラベルを作り、貼ることになりました（＃21）。またOPACに書誌データを入力する際、どの項目にどのような内容をどのような書式で入力してもらうかも決めなければなりませんでした。参考図書室の分類はもともと記号化されていたのであまり問題にならなかったのですが、四部分類については最終的に以下のような形にしました。

①背ラベルには四部分類（部・類・属・目）を漢字で表記する（記号化しない）。

②OPACの請求記号欄には四部分類（部・類・属）をアルファベットと数字で記号化したものを入力する。

③OPACの利用者コメント欄に四部分類（部・類・属・目）を漢字で入力する。

まず悩んだのは、分類を記号化するかどうかです。その時点でも一〇万冊近い蔵書があり、その全てにラベルを作って貼らなければならないわけです。ラベルを作る手間を考えると、分類をそのまま漢字表記するのではなく、記号に置き換えた方がずっと楽です。加えて、記号はある意味分かりやすいですし、電算処理する場合も楽です。しかし、四部分類に慣れた人、漢籍コーナーを使い慣れた人にとっては、記号化されてしまうとかえって分かりにくくなってしまいます。漢籍コーナーを使うような人たちにとって、李白の詩集は、「集部・別集類・唐五代之属」の本であって、「漢籍Ｄ：２：２」の本ではないのです。「漢籍Ｄ：２：２」といわれてもたぶん訳が分からないでしょう。悩んだ末に最終的には記号の便利さよりも、四部分類の「意味」をとることにしました。

それからもう一つ悩んだのは、一冊一冊に固有の番号を付けていくかです。もちろん固有番号を付けておけば、図書を管理したり、整理したりする上で非常に便利です。しかし、四部分類の分類・配列のルールを考えると、実は番号を付けるというのは簡単なことではありません。例えば集部・別集類というのは、個人の詩文集が並んでいるところですが、その中では著者の時代順で並べるというのがルールになっています。すると、新しく本が入ってくると、今ある本の後ろに並んでいくのではなく、それまであった本の間に入り込んでくることになります。それに番号を付けていくというのはかなりやっかいです。多分、小数などを駆使してやるしかないのでしょうが、煩雑で複雑になりそうだったので、結局、一冊一冊に固有の番号をつけるのはやめてしまいました。

ただ、叢書部だけは別にしました。叢書は種類も多く、一つ一つの叢書も冊数が非常に多いので、目録などを使っても、叢書の中で本を探すのは非常に大変です。中には目録などない叢書もあります。もしそれがＯＰＡＣを検索すれば自分が探している本が何という叢書の何冊目に入っているか一発で分かるようになったらすごく便利になるだろうと考え、叢書部の本にだけは一冊一冊に番号を付けました。ただ、その結果、例えば、個人全集が入る叢書部・一人所箸書類では、本来著者の生年順に本を並べることになっていたのですが、現在では新しい叢書が入ってくると分類の最後に並ぶことになってしまい、同じ著者の叢書が一箇所にまとまらないことになってしまいました。

もう一つ、四部分類の問題として、四部分類をすること自体が難しい本があるということもあります。まず、四部分類だと異なる分類に入る複数の著作が一冊になっている本です。現代の出版社は別に四部分類を考えて本を出すわけではないので仕方がないのですが、分類をしていて、何でこれとこれを一緒にするんだ、分類できないじゃないかと思うような本がよくあります。こういう場合、叢書とみなしてしまうという手もあるのですが、一冊で叢書というのも変な気がします。結局、多くの場合、収められている著作のどれかの分類に入れてしまうのですが、分類の仕方としても、利用者の使い勝手を考えても、これでいいのか悩むところです。

また、内容自体、四部分類ではどうも納まりの悪いものもあります。一例をあげると出土文書です。近年、中国で出土文書が多数発見され、資料集として多数出版されています。研究者の方でも、出土資料を使った研究が非常に盛んに行われています。例えば、これは古いもので、冊子体の東文研の漢籍目録にも載っているものですが、敦煌出土文書を収めた『敦煌遺書』という本があります。これが四部分類でどこに入っているかというと、叢書部・輯佚類です。では、二〇〇一年に出た『上海博物館蔵戦国楚竹書』も同じ叢書部・輯佚類でいいかというと、どうもしっくりきません。東文研ではどうしているかというと、漢籍とはみなさず、現代中国書として分類配架しています。ところが、文学部でこれは漢籍ではないといってしまうと、漢籍コーナーではなく、別の場所――個々の研究室か、それとも漢籍コーナーや研究室とは離れた場所にある三号館図書室に置くことになってしまい、そうなると利用者にとって非常に不便なことになります。『上海博物館蔵戦国楚竹書』を使う人にとっては、漢籍コーナーにあるのが一番便利です。こうした出土文書関係の図書が漢籍コーナーに次から次に来るようになり、結局どうしたかというと、史部・金石類の中に、簡牘・帛書・出土文書之属という属を新しく作ってしまいました。漢籍コーナーでは、史部・金石類の中の分類（属）は、通常の四部分類とは異なる独自のものになっています。四部分類という伝統的分類法を改変してしまうことにはためらいもありましたが、実際問題としてはこういう分類にしたことで、分類はやりやすくなりましたし、利用者にとってもおそらくは使い勝手がよくなっていると思います。また漢籍コーナーの分類では、史部・金石類の八番目に発掘報告之属という、これまた違和感のある名前の分類があります。発掘報告書は研究書であり、本来漢籍コーナーに置くものではないのですが、私が助手になる以前から漢籍コーナーの金石類のところに発掘報告書の類が数十冊並んでいました。私の推測ですが、昔研究室がこうした発掘報告書を買った時、置き場に困り、「前近代についての資料だから」というようなことで漢籍コーナーに押しつけてきたものではないかと思います。漢籍コーナーの方でも、引き取ったものの、分類に困り、強いていうなら金石類に近いのではないか――土の中から出てきたものだし――ということで、そこに並べておいたのでしょう。背ラベルを貼るために分類の再確認をした時にかなり悩んだのですが、今更、研究室に「引き取ってくれ」ともいえず、発掘報告之属という分類を新しく作って入れてしまいました。

こんなふうに分類を変えたり、新しい分類をたてたりすることは、先ほど四部分類は中国の伝統的学問観に基づく分類法だといったことに反する気がしますし、真剣に書誌学的に図書分類を考えている人からは叱られそうな気もするのですが、開き直っていうならば、蔵書目録を作るとか、あるいは学問的に図書分類をするというのであれば、今ある本を分類していけばいいのでしょう。しかし、漢籍コーナーのような図書室や図書館の場合ですと、その分類でこれから出てくる本にも対応していかなければいけません。では、新しいタイプの本が出てきた時それに合わせて分類を変えればいいかというと、現実問題として図書館や図書室で分類を作り直すということはとてつもない大仕事になるわけで、簡単にできることではありません。漢籍コーナーでは史部・金石類についてそれをやってしまったのですが、それは、その時点ではは分類を示す背ラベルが貼っていなかったし、全体から見ればごく一部だったからこそできたのです。それでも大変な時間と労力がかかりました。ほとんどの場合は、分類しにくい本が出てきても、分類法は変えずに、妥協しながら分類をしていくしかありません。漢籍コーナーで図書の分類をしていると、「その他」という分類を作ってしまいたくなる時がよくあります。そうすれば、うまく分類できない本は全部「その他」に入れてしまえばいいわけです。実をいうと、数年前に漢籍コーナーの参考図書室の分類については、「その他」という分類を新しく作ってしまいました。もしかしたら私の漢籍コーナーに対する最大の貢献じゃないかと秘かに自負しているのですが、漢籍についてはさすがに「その他部」「その他類」「その他之属」なんていうのを作るだけの勇気はありませんでした。

いまお話ししたように、四部分類では対応できない、対応しづらいこともままあります。現実問題として漢籍コーナーが四部分類を放棄することはあり得ないと思いますが、一方で――というか、だからこそ、この後も四部分類で対応していけるのかという心配もあります。

さて、開室して四十年にもなる漢籍コーナーですが、近年、かなり状況が変化してきました。次に漢籍コーナーの変化についてお話ししたいと思います。

漢籍コーナーが変わってきた要因の一つは、ある時期から大学所蔵図書は原則としてすべての人に閲覧させるということになったことです。そしてもう一つの大きな要因として、OPACによる蔵書検索が可能になったことがあげられます。OPACによって外部から容易に蔵書検索ができるようになり、閲覧可能ということで、外部からの利用申し込みが増加してきました。

昔の漢籍コーナーの利用内規では、漢籍コーナーを利用できるのは、原則として①東京大学文学部の教官・学生、②東京大学文学部中哲・中文・東洋史・印哲研究室の教官の紹介状を持参する者、だけでした。利用資格がすごく制限されていますが、では、その頃、来る人来る人この規則を盾にして追い返していたかというと、別にそういうことではありません。実際、漢籍コーナーを利用しに来る人というのは、利用内規に書かれているような人だけだったのです。そもそも漢籍コーナーの存在自体あまり知られていませんでした。おそらく、当時の状況としては――他学部や他大学の学生が、文学部の中国関係の先生のゼミや授業を聴講しにくる、そこでゼミの予習などで漢籍を見なくてはいけなくなる、すると、先生が「文学部には漢籍コーナーというところがあるから、私が紹介状を書いてあげよう」といって紹介状を書いてくれる、で、漢籍コーナーを利用しにくる――というようなことだったのでしょう。また、学生の頃に漢籍コーナーを使っていた研究室のＯＢが、漢籍を見なければいけなくなって、自分の出身研究室に行って先生に紹介状を書いてもらって漢籍コーナーを利用する、というようなこともあったでしょう。内規も大体そんなことを想定して作られ、実際、それで済んでいたのです。

ところが、ここに来て状況が変わってきました。利用者、特に外部利用者が増えてきましたし、数が増えるだけではなく、多様化してきました。四部分類を知らない利用者が多くなってきましたし、漢籍コーナーは教育の場でもあるといいましたが、教育されるつもりのない利用者も増えてきています。例えば、先日、テレビ番組制作会社の人が漢籍コーナーにある本を撮影したいといってきました。そういう人に、四部分類とは何ぞやという講釈をして、「じゃあ書庫に入って、自分で本を探してください、本を探すのも勉強です」といえるかといえば、そういうわけにはいきません。結局、私が書庫に入って本を出してきて、撮影させて、帰ってもらうということになります。これは極端な例ですが、利用者側の状況、意識が変わってきているというのは事実です。そうすると、そもそもの出発点としてあった研究室の教員・学生の研究・教育の場であるという漢籍コーナーの性格は、どうしても変わってきてしまう、あるいは変わらざるを得なくなります。

利用者の増加に伴うもう一つの問題は、蔵書保護の問題です。利用者それぞれの本の扱い方はとりあえずおいておくとして、単純にいって利用者が増えてくれば、その分本の傷みは進みます。昔だって使えば本は傷んだはずですが、幸か不幸か、東大文学部で中国学をやろうという学生自体、それほど数が多くありませんでしたし、本が傷んだとしても、それは教育や研究者育成のコストだということで済ませていられたのだと思います。しかし、もうそうはいっていられなくなってしまいました。というのは、利用者が増加しただけではなく、図書の方の、利用に耐える「基礎体力」とでもいうようなものがかなり低下してきているからです。本の経年劣化が進んでいるということです。最近読んだ日本の線装本——和本についての本に、和本は千年でももつというようなことが書いてありましたが、中国の線装本は、ものにもよりますが、とてもそうはいきません。線装本だけではなく、洋装本の方も、紙の酸化が進んだり、装丁が壊れてきたりして、かなり深刻な状況になっています。そうなると、補修をしなくてはいけないのですが、図書補修には莫大な費用がかかりますので、どうしても利用制限もしなければならなくなってきます。学生が貴重な漢籍を自由に使えるという漢籍コーナーの最大の利点を保つことが難しくなってきました。

その一方で、いい変化もあることはあります。例えば、以前に比べて便利になった点もあります。昔話になってしまいますが、今の漢籍コーナーもそう使いやすいところではありませんが、かつての漢籍コーナーは、その比ではなく、すさまじく使いにくいところでした。本に背ラベルは貼ってないし、書架に分類の表示もない、カード目録も何カ所かにばらばらに置いてあって、とにかく何がどうなっているのか、まるで訳が分からないところでした。そんな漢籍コーナーで例えば『論語』を探そうとすると、どうなるでしょうか。まず、漢籍コーナーは四部分類で本が配列されているというのだから、『論語』の四部分類を調べなければならない、そこで、あれこれ調べて『論語』というのは四部分類だと経部・四書類・論語之属という分類になるというのがようやく分かったとします。そこで、勇んで書庫に入ってみても、書庫のどこが経部・四書類・論語之属なのかが分かりません。分かるようになっていないのです。その書架が経部・四書類・論語之属かどうかは、そこに『論語』が並んでいるかどうかでしか判断できないのです。つまり、『論語』を見つけるためには、経部・四書類・論語之属の書架を見つけなければいけないのですが、経部・四書類・論語之属の書架を見つけるためには『論語』を見つけなければいけないのです。メビウスの輪のような堂々巡り状態に陥ってしまうことになります。

昔、私が助手になりたての頃に、半分ふざけてですが、次のような「本を探すときの心得」を貼りだしたことがあります。

漢籍コーナーで本を探す際に心得ておくべきこと

基本的真理

一、ある本はある。

二、ない本はない。

三、ある本はある所にある。

基本的真理から導き出される存在論的真理と空間論的真理

一、ある本はどこかにある。

二、ない本はどこにもない。

三、その本があれば、そこがその本のある所である。

四、その本がなければ、そこはその本のある所ではない。

結論——以上の諸真理から導き出される、漢籍コーナーで本を探す際に心得ておくべき実践的真理

一、ある本を探せ。ない本を探しても無駄である。

二、本を探すときはその本のある所を探せ。ない所を探しても無駄である。

教訓

真理は必ずしも有用であるとは限らない。真理は真理であるが故に真理であり、尊重されるべきである。真理に有用性を求めるべきではない。※「真理」を「助手」と読み替えても可。

昔は「漢籍コーナーにこの本はありますか」と訊かれても、無責任に聞こえるかもしれませんが、つまるところ「あるかもしれないけれども、ないかもしれません。あるのだったら、どこかにあるだろうし、どこを探してもなかったら、その本は漢籍コーナーにはないのでしょう」としか答えようのない状況だったのです。もちろんそんなことをいったら、なんだあの助手はということになりますから、いいはしませんでしたけど。そんな状況ですから、いろいろな知識や知恵がないと本は探せませんでした。逆にいうと、本を探すことで、学生たちはいろいろなことを覚えていったのです。最悪でも、体力と根気、あるいはあきらめだけは身についてきます。

これが、OPACなどができたことで、だいぶ変わってきました。恐らく、この「本を探すときの心得」を今の漢籍コーナーの利用者が見ても、あまりピンとこないと思います。本を探すことが、以前より容易になってきたということです。つまり便利になったということですが、それもいいことばかりとはいえません。例えば、漢籍の世界では、探している本が、今でいう単行本としてではなく叢書の中に入っている

ということがよくあります。自分の見たい本が、どの叢書の何冊目に入っているのかを調べて、見つけ出すのは、大仕事でした。書庫に入って探してみても見つからない、そこで参考図書室に行って目録などを調べてみる、それでこれだと分かった気になって書庫へ行ってみても、やっぱり見つからない、仕方がないのでまた参考図書室に戻って調べ直して……というようなことを延々と繰り返すことになります。そうしているうちに、否が応でも、この叢書はいつ作られ、どういう種類、性質の叢書なのかとか、叢書を探すときはどういう目録を調べればいいのかというようなことが分かってくるのです。それが、今だったら、OPACにデータが入ってさえいれば、そういうことをしないで一瞬のうちに見つけ出すことができます。叢書についての知識は必要ない、ということは、身にもつかないということです。本を探すだけならそれでいいのかもしれませんが、叢書についての知識や常識がないというのは、やはりまずいと思います。便利になることがいいことばかりではない、それによって失われてしまうものもあるということです。

時間も少なくなってきましたので、最後に、まとめという程のものではなりませんが、漢籍コーナーが今後どうなるのかということについてお話しします。

漢籍は貴重なものであって、大切に保護すべき文化財産であることは間違いありません。しかし、その一方で、本というのは使って初めて意味があるということもいえます。つまり、利用すべき文化資源という一面もあるわけです。この保護と利用という、矛盾する二つの課題をどうやって両立、調和させていくかが、さしあたって漢籍コーナーの大きな問題です。

最初の方で、人文学では本は消耗品ではないといいました。しかし、本は傷み、消耗するものであるという意味では、本はやはり消耗品なのです。本は物理的に寿命のあるものです。そうであれば、本は、本当にそれを必要とする人に有効に活用してもらった方がいいし、そうすべきだと思います。貴重な図書や研究資料を、大学などが閉鎖的に独占しているのはよくないと思いますが、では、例えば漢籍コーナーの漢籍をみんなが見なくてはいけないのかといえば、それも違う気がします。例えば『論語』を読んでみたいという人はたくさんいると思うのですが、その人たちがみんな漢籍コーナーに来て、そこにある線装本の『論語』を見なくてはいけないのかというと、多分そういうことではないと思います。

漢籍というのはやはり特殊なものです。漢籍コーナーというのも特殊なところです。別に漢籍だけが特殊だとか、漢籍コーナーだけが特殊だというつもりはありません。それぞれの大学、図書館、図書室にはそれぞれの特殊性があり、その所蔵資料にもそれぞれの特殊性があるはずで、同じように、漢籍コーナーには漢籍コーナーの特殊性がありますし、所蔵する漢籍にもその特殊性があるのです。漢籍コーナーの難しさとは、ひとつには、その特殊性からくるものです。つまり、特殊であるが故の難しさがあるのです。

最近は独自性とか個性ということが盛んにいわれます。それは大学でも同じで、独自性や個性といったものが求められ尊重されているはずなのですが、中にいると、その逆に、いろいろな面で画一化というか、均一化を強いる圧力のようなものを感じることが多くなっています。つまり、特殊であり続けることがどんどん難しくなってきてしまっているのです。

つまり、一方には特殊であるが故の難しさがあり、また一方で、特殊であり続けることの難しさも出てきているのです。理屈でいえば、だったら、特殊であることを放棄してしまえばいいということになりますが、漢籍コーナーにとってそれは「漢籍コーナーの困難の解消」ではなく、「漢籍コーナーの解消」になってしまう気がします。

漢籍コーナーは、東大あるいは文学部という組織の一部です。組織の中にある以上、自分でこうしたいということで動けることはまれです。振り返ってみると、漢籍コーナーが変わってきたというのも、漢籍コーナー自身がこうしたい、こうなりたいということで変わってきたというよりは、状況の変化や、外からのいろいろな要求に応えた結果として、変わってきてしまったということがほとんどです。

この先も、どう変わっていくかは分かりませんが、変わっていくことは間違いないでしょう。それも、そうなりたいと思って変わっていくのではなくて、いろいろな事情でそうせざるを得なくなって変わっていくということの方が多いと思います。だからこそ、どこかで一度、漢籍コーナーとは何なのか、どうあるべきなのかを考えてみなければいけないのだと思います。

先ほど、ＯＰＡＣによって便利になった反面失われたものもあるといいました。ＯＰＡＣのような図書検索データベースだけではなく、漢籍自体も電子データ化され、語彙検索などが簡単にできるデータベースがどんどん出てきています。初めにご紹介したように漢籍コーナーにも四庫全書のデータベースがあり、日常的に使われています。これはすごく便利なものですが、ＯＰＡＣ同様、これに頼っていると失われてしまうもの、身につかないものがあります。じゃあ、ＯＰＡＣや四庫全書データベースはなくしてしまえばいいかといえば、そういうことではありません。正直にいって、ＯＰＡＣがない頃に戻りたいかといえば、そうは思いませんし、そもそも、それは不可能なことです。ＯＰＡＣは活用し、もしＯＰＡＣによって失われるものがあるなら、それはどこかで補っていくしかないでしょう。以前なら漢籍コーナーで本を探しているうちに自然と身についた知識を、いまは、別のところで、意識的に身につけなければいけない、身につけさせなければいけない、ということです。ただ、そのためには、漢籍コーナーで起きている変化――何が得られ、何が失われるのかを見極める必要があり、そのためにも、一度立ち止まって漢籍コーナーとは何かを考えてみる必要があるのでしょう。

考えてみると、私も漢籍コーナーにいると、毎日、日々の仕事に追われ、目の前の問題に対処するのに手一杯で、漢籍コーナーとは何なのかを考えるということはほとんどありませんでした。今回こういう場で、漢籍コーナーについて話をすることになり、何を話そうか考えていくなかで、改めて漢籍コーナーというのはこういうところなのだということが見えてきたような気がします。その意味でも、今回こういう機会を与えてくださった講演会主催者と皆さんに感謝したいと思います。

持ち時間もなくなりました。駆け足になりましたが、用意した話はだいたい終わりましたし、これ以上話を続けると、本格的な愚痴になって、風巻さんにしかられそうなので、ここら辺で終わりたいと思います。どうもありがとうございました。（拍手）

（司会）　どうもありがとうございました。これから質問をお受けします。質問がある方は手を挙げてください。

（質問者1）　お話の中で青島鹵獲書籍の話が出てきましたが、この青島からきた本というのは、質的にレベルが高いとか、何か特徴があったのですか。

（石川）　私自身、青島鹵獲書籍のことは金沢大学の持井先生が調査に来られて初めて知りました。その全体像や詳細については持井先生が金沢大学の紀要などに発表されている論文や報告書をご覧いただきたいと思います。ただ、これはあくまで漢籍コーナーにあるものについていえばということですが、私の「印象」では、『礼記』のフランス語訳や、レッシングの手稿本などは珍しいものだと思いますし、線装本の中には明版もありますが、全体として特別に質が高いとか、何か特殊性があるというものではないと思います。ちなみに漢籍コーナーで指定している貴重書の中には、青島鹵獲書籍はありません。

（質問者1）　ありがとうございます。

（司会）　ほかに何か質問はありますでしょうか。

（質問者２）　幾つか質問があるのですが、最初に、予算は研究室の方からきているということですが、新規購入の漢籍は年間どのくらい受け入れているのですか。

（石川）　漢籍コーナーは、研究室が購入した図書を受け入れるだけで、漢籍コーナー自体は図書を購入しません。そもそも図書を購入するための予算がつけられていないからです。研究室からもらっている予算というは、文具の購入など日常業務に必要な最低限の費用のためのものです。

年間どれくらいの本を受け入れるかですが、特に記録はつけていないので、正確な数字は分かりません。ただ、全蔵書数については――それまで数えたことがなかったのですが――二〇〇四年の移転後の蔵書点検の際に蔵書数を数え、その後は、新しい本が入ってくるたびに、その数を加えていっているので、正確な数字とはいい切れませんが、現時点での蔵書数はだいたい分かるようになっています。少し前に、私も漢籍コーナーの蔵書が一年で何冊ぐらい増えているのか知りたくなり――本当のことをいうと、漢籍コーナーの助手が毎年どれぐらいの数の新規受入本を処理しているのか、助手がどれぐらい大変な仕事をしているのかを知りたくなって、その時点の蔵書数と、二〇〇四年の移転時点での蔵書数をもとに一年間の蔵書増加数を計算してみました。そうするとだいたい一年で一五〇〇冊ぐらい増えているという計算になりました。この数は新規に購入した図書だけではなく、すでに購入して研究室等においてあったのを漢籍コーナーに移動してきた図書の数も含まれています。年間一五〇〇冊というのが多いのか、少ないのか、それだけの本を一人で処理している助手は大変なのか、楽なのかは分かりませんが、とにかくそれ位の数のようです。

（質問者2）　研究室が購入する漢籍を共同利用するということで漢籍コーナーができたということですが、研究室の間で調整して、どういう本を買うとか、決めていらっしゃるのですか。それとも、同じような本が入ってくるようなことはやはりあるのですか。

（石川）　基本的には研究室がそれぞれに選書、購入して、漢籍コーナーにもってくるので、どうしても重複本は出てきてしまいます。ただ、配架スペースの問題もありますし、何よりもお金がもったいないので、漢籍コーナーとしても、研究室としても、できるだけ重複が起きないように気をつけてはいます。私の方からは、研究室の図書担当者に、選書の際、すでに漢籍コーナーに入っている本ではないかをＯＰＡＣなどで確認することや、他の研究室が買う可能性がある本については、他の研究室がすでに購入していないか、これから購入する予定がないかなどを確認してもらうようお願いをしています。複数の研究室で買いそうな本については、研究室間で協議してどちらで購入するかを決めてもらうこともあります。また研究室が登録手続のため本を文学部図書室に持っていく前に、分類と背ラベル貼付のため一旦漢籍コーナーに本がくることになるので、そこで重複に気がつけば、指摘するようにしています。ただ、ＯＰＡＣに新規購入図書の情報が反映されるまでには若干時間がかかりますし、各研究室の購入図書のリストがあってその情報を関連研究室が共有するというような仕組みができているわけではないので、やはり重複本は出てきてしまいます。

（質問者2）　分かりました。どうもありがとうございました。

（司会）　では、これで終了します。ありがとうございました。　（拍手）

［＊附記］　講演会の時点では未刊のため紹介できなかったが、
⑨渡辺純成・漢籍コーナー『東京大学文学部漢籍コーナー満洲文書籍目録』、二〇一〇年。が、その後刊行されている。

東京大学東洋文化研究所の漢籍について

小寺　敦

初めまして。ただ今ご紹介にあずかりました小寺と申します。私は東洋文化研究所所蔵漢籍について、皆さまにご説明申し上げます。東洋文化研究所（東文研）の歴史は、聞くところによれば東文研図書室の歴史でもあるそうです。その図書室の所蔵する図書の中で、非常に重要な位置を占めているのが漢籍です。

これから東文研の所蔵漢籍について、目次の順番でご説明してまいります。最初に、東文研所蔵漢籍にどういうものがあるかということを、ざっとご覧になっていただきたいと思います。あまり細かくご覧になる必要はなく、おおよそこういう感じだととらえていただければ結構です。ここに含めなかったものでは、朝鮮族譜や、「中国西北文献叢書」という叢書もあります。そういう資料を、東洋文化研究所は大体ここに書かれてある順番に受け入れてまいりました。

目　次

1. 東文研所蔵漢籍概略
2. 旧東方文化学院所蔵漢籍
3. 代表的な漢籍コレクション
   1. 大木文庫
   2. 雙紅堂文庫
   3. 仁井田文庫
   4. 倉石文庫
   5. 安田文庫旧蔵論語コレクション
   6. 両紅軒文庫
4. データベース
5. その他（番外編）

まず初めに東方文化学院が所蔵していた漢籍について説明いたします。東文研所蔵漢籍は、旧東方文化学院東京研究所から引き継いだものと、東文研として納入したものとに大きく分かれます。東文研全体でおよそ十万点の漢籍を所蔵しており、冊数に直しますと、二十数万～三十万冊ぐらいはあるのではないかと思われます。東文研全体の蔵書が六十数万冊ありますので、東文研蔵書の半分近くが漢籍ということになります。その中で非常に大きな位置を占めているのが、旧東方文化学院東京研究所所蔵漢籍です。東方文化学院東京研究所は、後に東方文化学院となるのですが、多くの書物を購入した時点では東方文化学院東京研究所であり、蔵書印にもそのようにありますので、東方文化学院東京研究所と称させていただきます。

東方文化学院東京研究所は、近代日本・中国の歴史と密接に絡んでおります。一九〇〇年に中国で義和団事件が起こり、八カ国連合軍が介入して鎮圧します。その後、北京議定書で連合軍は巨額の賠償金を獲得します。その奪った賠償金をどう使うかということで、列強は対中関係に配慮した使い方に転じていくことになります。例えば、アメリカ合衆国も義和団事件の賠償金を獲得しましたが、清華大学の前身となる清華学堂を一九一一年に設立しました。ちなみに今日、中国を代表する大学である清華大学は、その清華学堂の後身です。私は今年（二〇〇九年）、清華大学を訪問しましたが、その時、再来年は創立百周年だ

1. 東文研所蔵漢籍概略

- 旧東方文化学院東京研究所所蔵漢籍……103,587冊
- 大木文庫……3,168部、45,452冊。公文書類数百部
- 帝国学士院東亜諸民族調査室旧蔵書……和漢洋書・雑誌・資料等2,000冊
- 松本忠雄氏旧蔵書……近代中国関係和漢洋書約3,000冊
- 雙紅堂文庫……漢籍3,150冊、明清戯曲小説類
- 東京銀行調査部旧蔵資料……和漢書・資料類約18,000冊、経済関係書
- 仁井田文庫……漢籍・中国書5,000冊、清朝公私文書類900余点、碑文拓本50基その他
- 倉石文庫……漢籍14,433点他
- 文淵閣四庫全書影印本……1,501冊（索引つき）
- 乾隆版大蔵経……全724函（毎函10冊）他
- 今堀文庫……今堀誠二氏旧蔵書。漢籍300点他、近現代に強い
- 東アジア宗族社会史関係資料……朝鮮族譜・華人資料等
- 中国西北文献叢書……中国西北地方に関する基本文献
- 中国第一歴史档案館所蔵清代档案資料……マイクロフィルム
- 夕嵐草堂文庫……前野直彬氏旧蔵書。漢籍500点4,400冊、小説類
- 安田文庫旧蔵論語コレクション……和刻本『論語』9点他2点
- 両紅軒文庫……伊藤漱平氏旧蔵書。480点

という話を聞かされました。

そこで日本の場合は、一九二九（昭和四）年に賠償金の一部を拠出して東方文化学院を設立したのです。設立にあたり、東京と京都に一つずつ研究所を設置しました。後に研究所組織の改編により、京都研究所は東方文化研究所となり、東京研究所は単独の東方文化学院になりました。そして戦後、両者が廃止されるにあたり、東方文化研究所は京都大学人文科学研究所に、東方文化学院はその一部が東大東文研に吸収されました。その最初の東方文化学院を設立するに当たり、京都と東京の両方で、漢籍を大量に購入したというわけです。徐則恂という蔵書家がおりまして、辛亥革命などでも活躍した軍人ですが、東京研究所は彼の蔵書を購入しました。それが東方文化学院東京研究所の蔵書の基礎になりました。戦後の一九四九年、東大東文研と合体するに及び、その蔵書は丸々

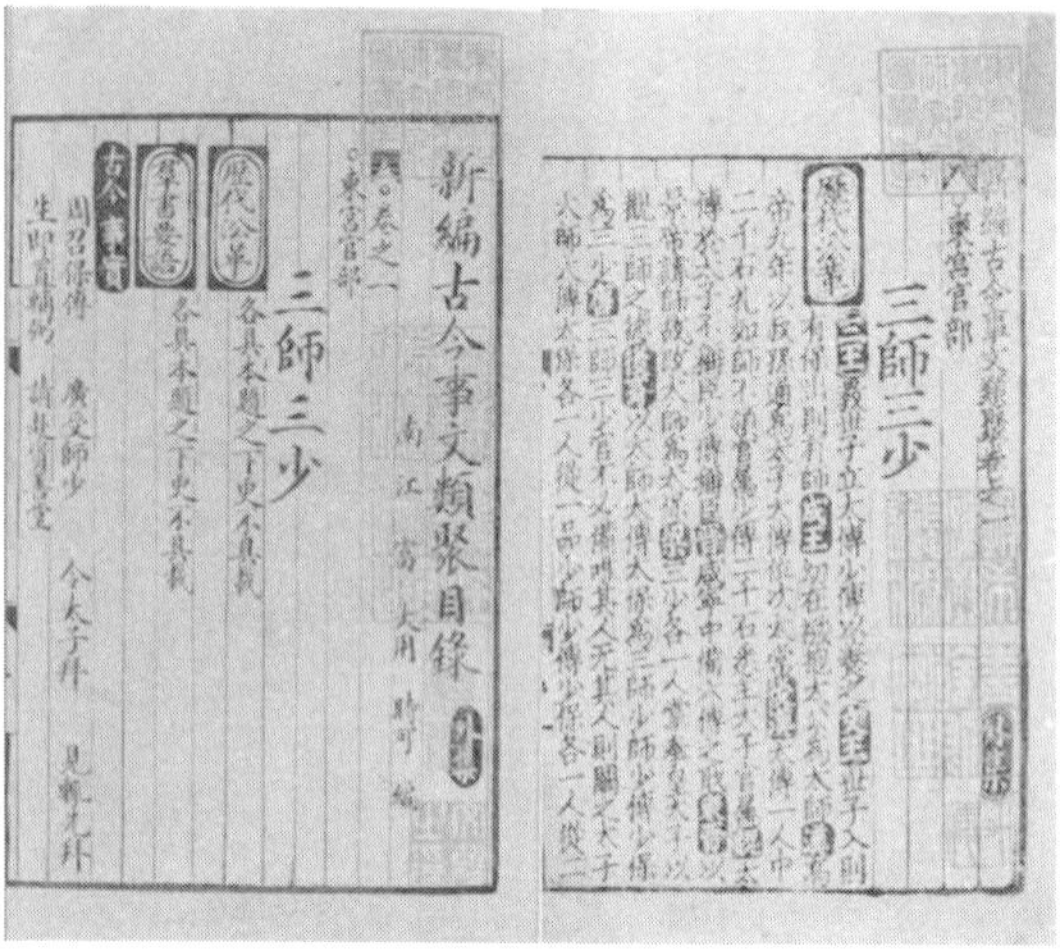

『新編古今事文類聚外集』十五巻　泰定三年（1326）廬陵武溪書院刊本

東文研の蔵書となったわけです。ちなみに京都の方では、天津の陶湘という蔵書家から購入しております。

　さて、漢籍貴重書の具体例を幾つか取り上げてみましょう。上図は、徐則恂の「東海蔵書楼」といわれる旧蔵書を構成していた一冊で、一種の百科事典です。一三二六年ですから、元代に作られた非常に貴重な書籍です。

　次頁上は『礼記釈文』という『礼記』の後ろにくっついている解説書で、これも非常に貴重な書籍です。これは傅増湘という民国期の、文部大臣にあたる要職を務めた蔵書家が所蔵していたものです。年代は一一七七年、宋代のものです。非常に貴重な刊本ですが、一部に相当程度補修がなされています。

　その下は皆さまご存じの『史記』です。この建安黄善夫刊本は、『史記』の版本で極めて重要なものであり、東文研が所蔵するのは、「夏本紀」・「殷本紀」・「索隠後序」しかないものです。佐倉の歴史民俗博物館（歴博）には、この完全な版本が所蔵されており、国宝に指定さ

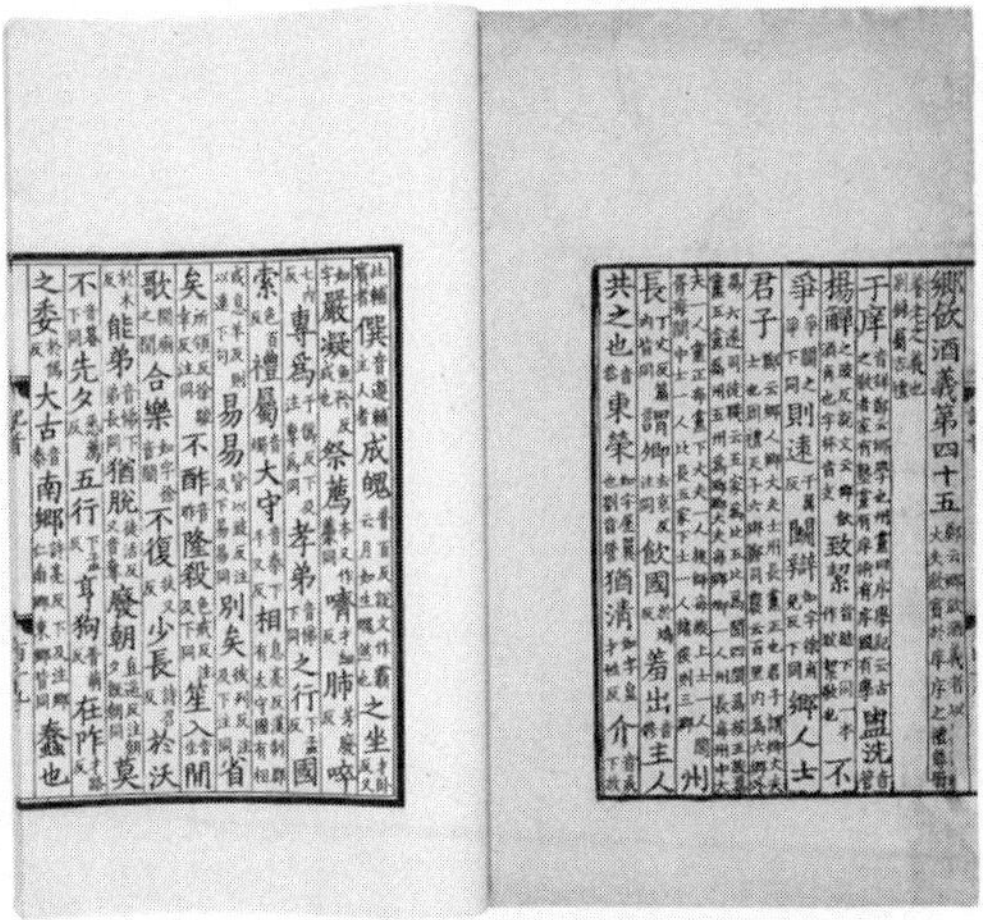

『礼記釈文』四巻

淳熙四年（1177）撫州公使庫刊至咸淳八年（1272）遞修本

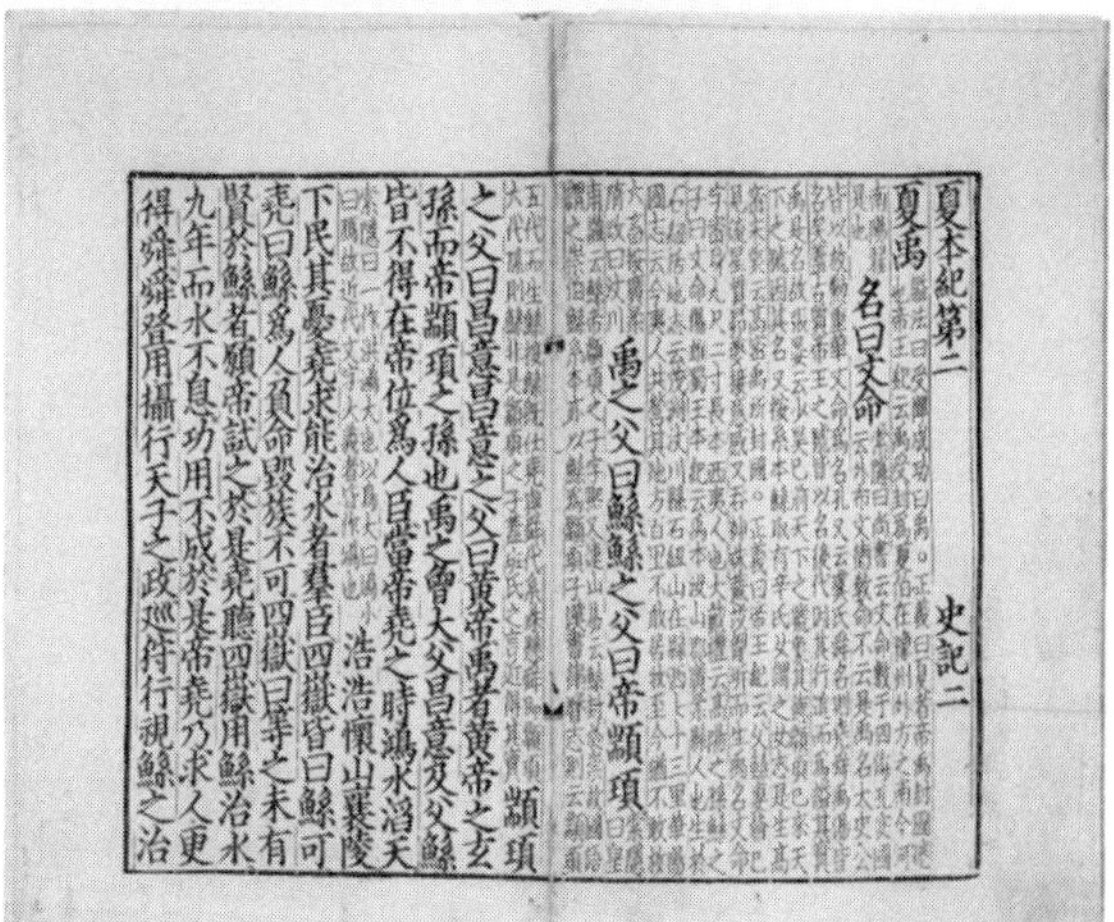

『史記』残二巻　慶元中（1195-1200）建安黄善夫刊本

れています。今、歴博で展示されておりますので、興味のある方はご覧いただければと思います。歴博所蔵の刊本は、大河ドラマでも有名な直江兼続の蔵書で、上杉家を経て、現在は歴博の所蔵になっております。

ここまでご紹介した漢籍は東方文化学院所蔵です。これからは、東文研が収集したコレクションをご紹介してまいります。

先ほどの表を再度ご覧になっていただければお分かりのように、節目ごとにまとめて購入・寄贈されています。そうして東文研所蔵漢籍ができあがってまいりました。

これから赤字で書かれた個所をご説明しますが、赤字でないからといって重要度が劣るわけではありません。文字の色は、貴重漢籍の写真版が利用できたかどうかに相当程度左右されています。もちろん大木文庫・雙紅堂文庫・仁井田文庫は非常に重要ですが、それ以外のコレクションも、重要度において劣るものではありません。

今日ご説明するのは、この六つのコレクションです。まず大木文庫は、東文研所蔵漢籍の中で、旧東方文化学院所蔵漢籍に次ぐ大規模なものです。東文研においでになって、漢籍をご覧になる時、大概の方が東方文化学院東京研究所の印のついたものをご覧になると思います。もちろん閲覧される方のご専門によって変わってくる可能性はありますが、漢籍を見る場合、恐らくその次に出会いやすいのが大木文庫です。

大木文庫は、北京の法律家である大木幹一という人が所蔵していたものです。大木氏は、東京帝大法学部を卒業して、北京で法律活動をしておられた方で、大変な蔵書家としてあちらでも有名だったようです。氏の蔵書は、一九四一年、東洋文化研究所が東京大学の附置研究所として設立された際に寄贈されました。

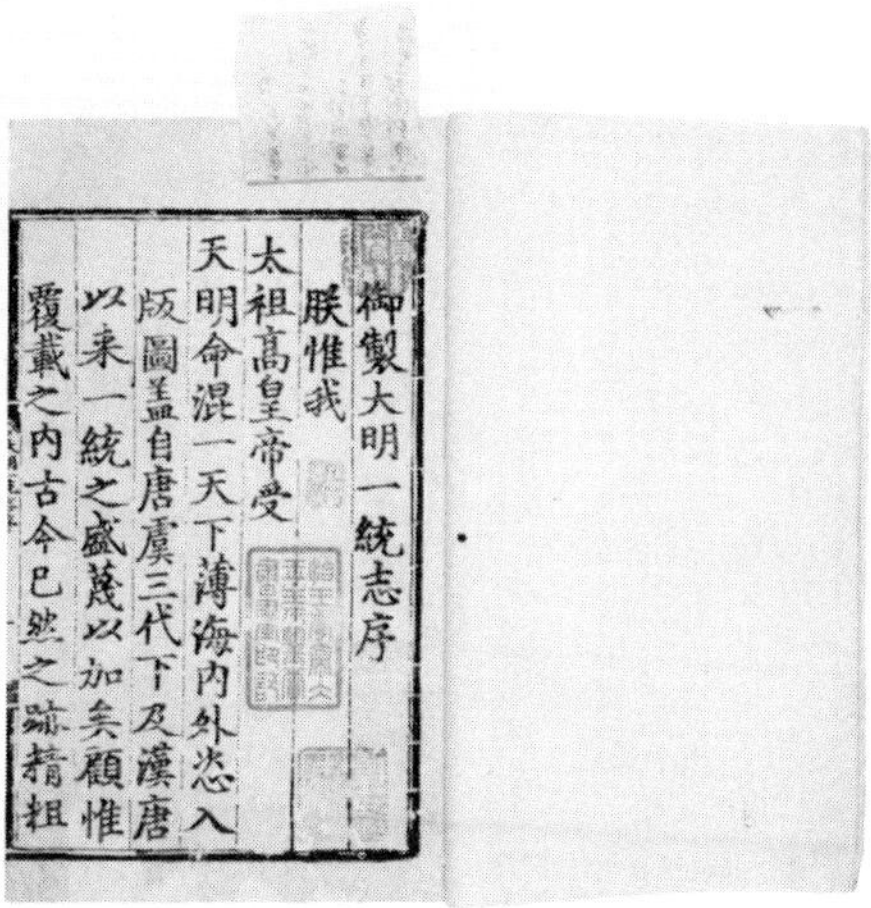

『大明一統志』九十巻　天順五年（1461）序刊本

大木文庫は、大木氏のご専門がかなり反映しておりまして、中国の制度史や法制史関係の書籍が特に充実しております。東文研で整理した際は、大きく内編と外編に分けまして、内編に法律・政治などの制度史関係の書物をまとめて、外編にはそれ以外のものを入れました。また、稀覯書もかなり多く含まれています。大木文庫は、民間コレクターの蔵書としての性格をかなり持っておりますが、民間コレクターの中では非常に高水準のコレクションといえます。大木文庫につきましては、一九五九年に『東京大学東洋文化研究所　大木文庫分類目録』が作成されました。

例として、大木文庫に入っている貴重漢籍を一つ挙げておきます。『大明一統志』という地理書で、明朝の宮中の経廠という機関で刷られた、非常に貴重な版本です。

次は雙紅堂文庫です。ここから先は研究者のコレクションが中心となります。研究者のコレクションですので、旧蔵者がどういう研究をされていたかをかなり反映する

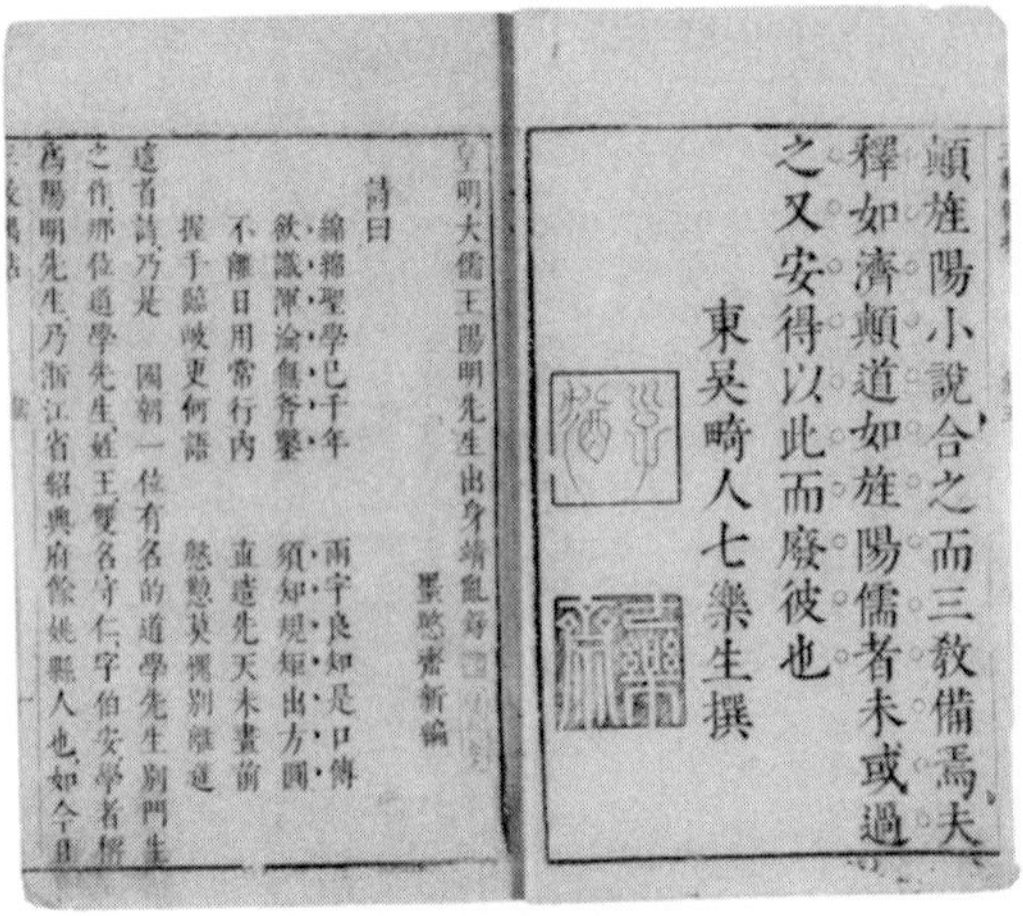
顛旌陽小説合之而三教備焉夫
釋如濟顛道如旌陽儒者未或過
之又安得以此而廢彼也
東吳畸人七樂生撰

皇明大儒王陽明先生出身靖亂錄
墨憨齋新編
詩曰
綿綿聖學已千年　兩字良知是口傳
欲識渾淪無斧鑿　須知規矩出方圓
不離日用常行内　直造先天未畫前
握手臨岐更何語　慇懃莫愢別離筵
這首詩乃是　國朝一位有名的道學先生別門生之作那位道學先生姓王雙名守仁字伯安學者稱爲陽明先生乃浙江省紹興府餘姚縣人也如今且

『三教偶拈』三巻　明・馮夢龍輯明刊本

ものであり、先ほどの大木文庫のような、いわゆる収集家のコレクションとは、かなり異なる性格をもっています。これは、書誌学者として有名な法政大学の長澤規矩也氏が集めたもので、一九五一年と五三年に東文研が購入し、明清時代の戯曲小説類が中心です。長澤氏により、『雙紅堂文庫分類目録』が一九六一年に出版されています。

雙紅堂文庫の「雙紅堂」は、『嬌紅記』（これも後でご紹介します）の二種類の善本をお持ちだったことに由来しています。

しかし、諸般の事情から、このコレクションのタイトルとなった二部は、今は京都大学にありまして、残念ながらここにはありません。ただ、非常に貴重な漢籍が、特に戯曲小説類を中心に多くそろっていることに変わりはありません。

ここでは、『三教偶拈』という明代の白話小説をご紹介します。三教とは、儒教・仏教・道教という、中国に

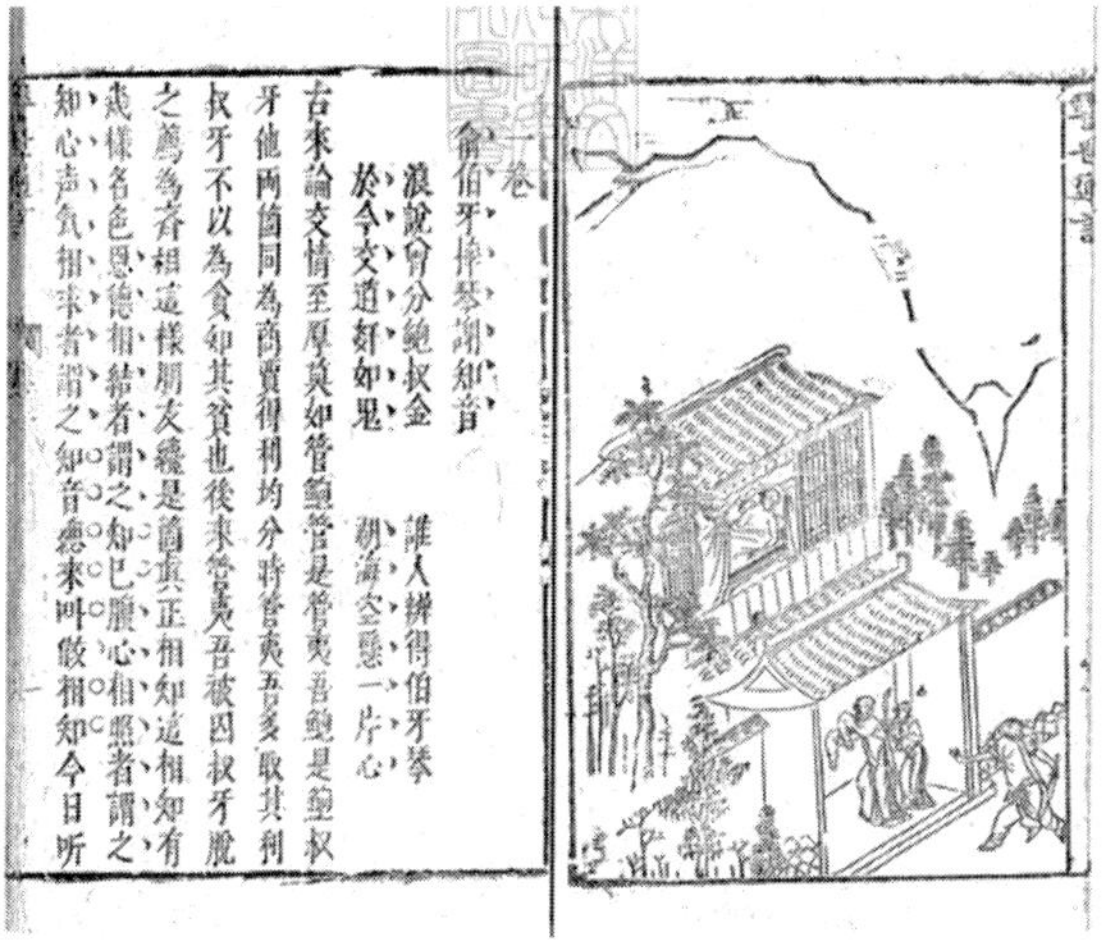

第一卷
俞伯牙摔琴謝知音
浪説曾分鮑叔金　誰人辨得伯牙琴
於今交道好如鬼　湖海空懸一片心
古來論交情至厚莫如管鮑管是管夷吾鮑是鮑叔
牙他兩箇同為商賈得利均分時管夷吾多取其利
叔牙不以為貪知其貧也後來管夷吾被囚叔牙脱
之薦為齊相這樣朋友纔是箇真正相知這相知有
幾様名色恩德相結者謂之知己腹心相照者謂之
知心声氣相求者謂之知音總來叫做相知今日所

『警世通言』三十六巻　天啓四年（1624）序王氏三桂堂刊本

おける三つの大きな宗教を表しますが、これはそれらの宗教に関する小説からなっています。これは明刊本であり、世界にこれ一つしか伝わらない書物です。

次にご紹介するのが仁井田文庫です。中国法制史家として非常に高名な学者であり、なおかつ本研究所の名誉教授で所長まで務めた仁井田陞氏の蔵書を、一九六六年、氏の没後に受け入れたものです。氏は中国法制史家ですので、やはり特に史部に属する書籍の多いことが特色となっています。

分量としては、東文研の所蔵漢籍の中ではかなり多い方です。先ほどの大木文庫は相当多いのですが、倉石文庫と共に多いコレクションです。仁井田文庫に関しましては、一九九九年に『東京大学東洋文化研究所仁井田文庫漢籍目録――附和洋書――』が出ております。

仁井田文庫について何を取り上げるか考えましたが、後でも出てくる『警世通言』をご紹介します。これも小説です。氏は中国法制史家なのですが、こういう小説類

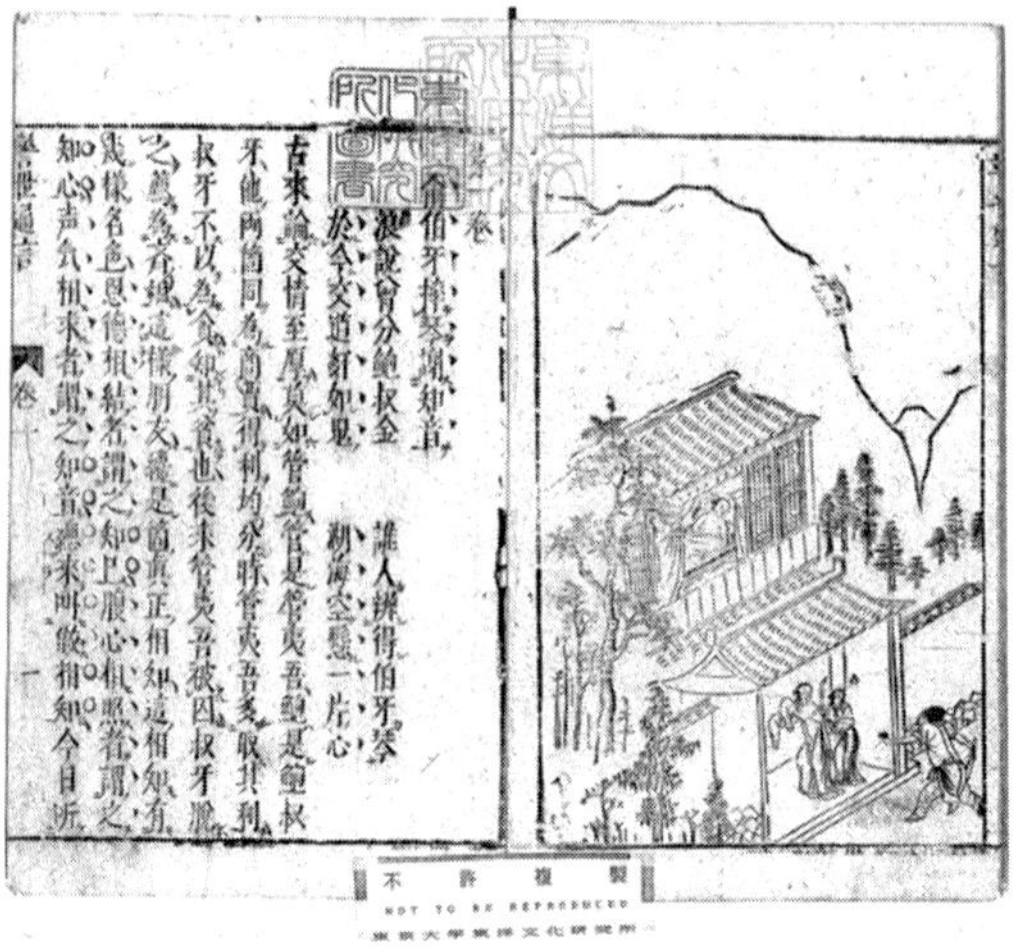

『警世通言』四十巻　天啓四年（1624）序金陵兼善桂堂刊本

にも目配りされた方で、氏の非常に幅広い視野がうかがえるかと思います。

その次が倉石文庫です。これは倉石武四郎という、東大文学部におられた、中国文学・中国語学に関する非常に高名な学者のものです。こちらは一九七五〜八一年度にかけて購入しました。清朝の漢学関係の書籍に見るべきものがあります。漢籍だけで大体四千三百点あります。先ほどもお話しいたしましたが、東方文化学院京都研究所で陶湘の蔵書を購入したときに、この倉石武四郎氏が間に入って動いています。この方は東京帝大だけではなく、京都帝大の教授も務め、京都と東京双方で活躍しました。

先ほどもご紹介しましたが、こちらは倉石文庫の『警世通言』です。先ほどの方は終わりの方が欠けていますが、こちらは完全なものでして、『警世通言』の原刻本といってよいものだと思います。

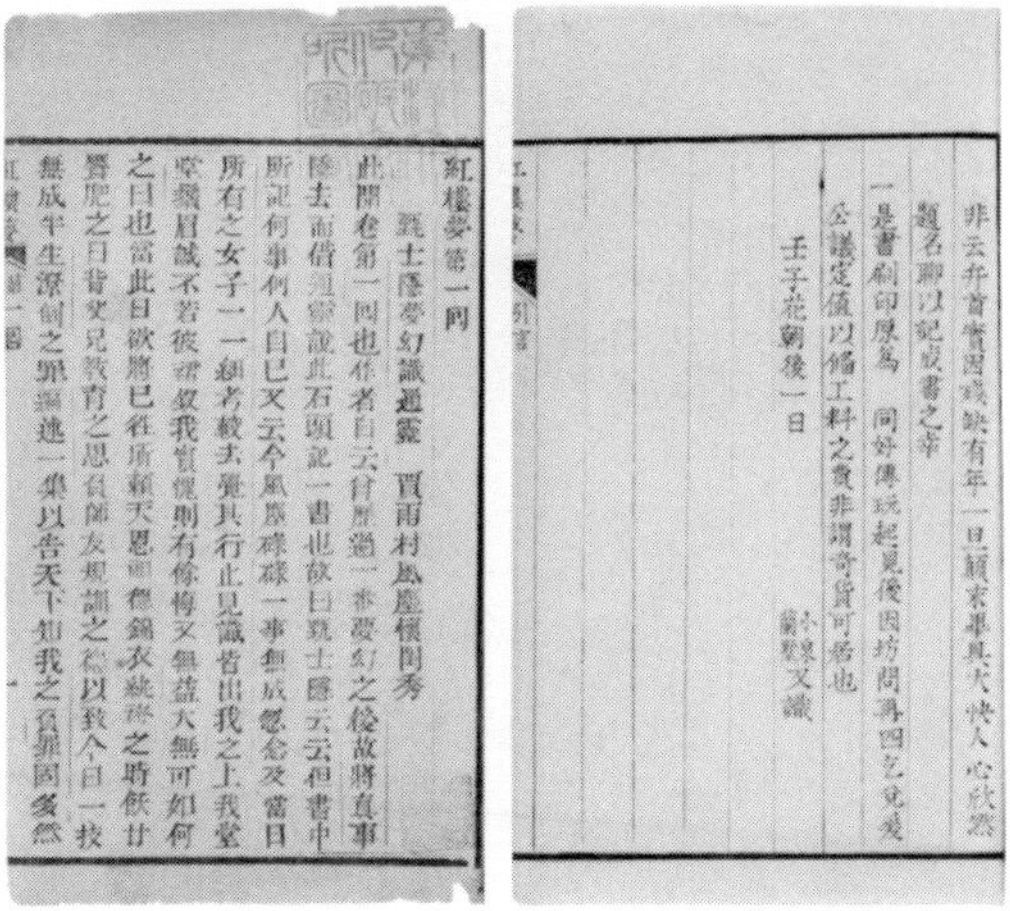

非云弁首實因殘缺有年一旦顛末畢具大快人心欣然
題名聊以記成書之幸
一是書刷印原爲 同好傳玩起見後因坊間再四乞兌爰
公議定值以備工料之費非謂奇貨可居也
壬子花朝後一日
小泉 蘭墅又識

紅樓夢第一回
甄士隱夢幻識通靈　賈雨村風塵懷閨秀
此開卷第一回也作者自云曾歷過一番夢幻之後故將真事
隱去而借通靈說此石頭記一書也故曰甄士隱云云但書中
所記何事何人自己又云今風塵碌碌一事無成忽念及當日
所有之女子一一細考較去覺其行止見識皆出我之上我堂
堂鬚眉誠不若彼裙釵我實愧則有餘悔又無益大無可如何
之日也當此日欲將已往所賴天恩祖德錦衣紈袴之時飫甘
饜肥之日背父兄教育之恩負師友規訓之德以致今日一技
無成半生潦倒之罪編述一集以告天下知我之負罪固多然

『紅楼夢』一百二十回　乾隆五十七年（1792）程乙本

既に少し触れましたが、『紅楼夢』の一百二十回本の底本も、コレクションの中に入っております。こちらは程乙本で、程甲本は後でご紹介します。程甲本の翌年に出された程乙本が、この倉石文庫にあります。『紅楼夢』はご存じの方も多いと思いますが、曹雪芹が書いた小説で、当時の上流貴族の生活を描いています。中国大陸では「紅迷」といわれる、「紅楼夢」マニアを生み出すことで有名です。ただ、中国以外では、『三国志演義』や『水滸伝』ほどには流行りませんので、そういう意味でも面白い作品です。一百二十回本のうち曹雪芹が書いたのは第八十回までであり、最初のころは写本で伝わって、後から印刷本で伝わるという経緯があります。この最初期の版本が倉石文庫にあるわけです。

次に、安田文庫旧蔵の『論語』コレクションをご紹介します。安田という言葉から連想される方もいらっしゃると思いますが、本学安田講堂の安田と同じく、安田財閥の当主です。これは、その二代目安田善次郎氏のお孫

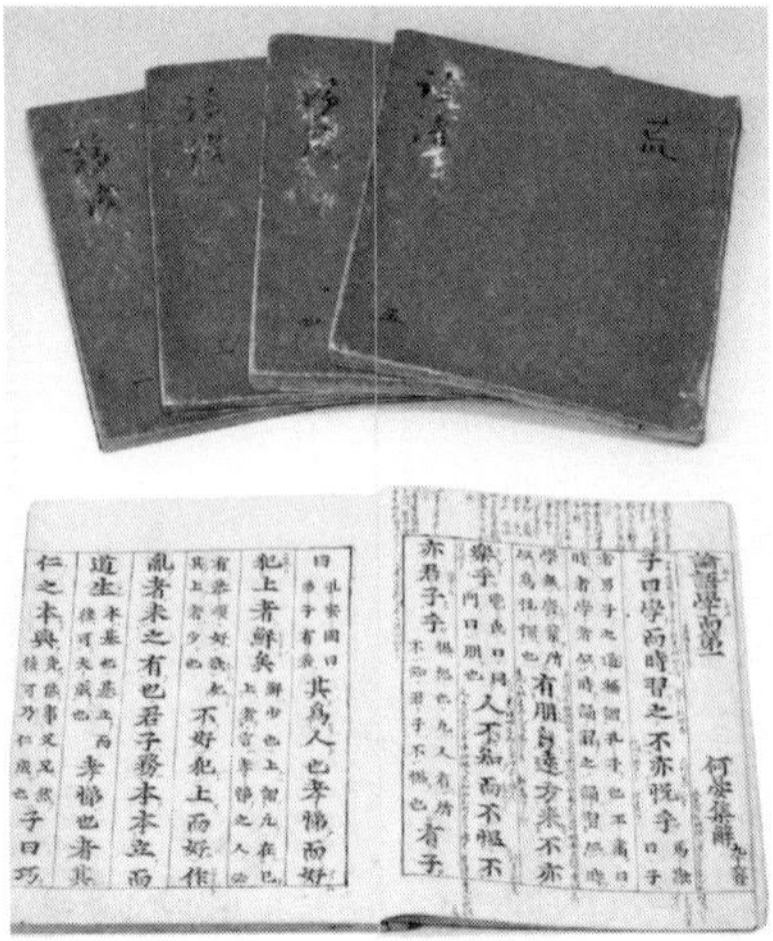

正平版『論語』

さんの安田弘氏から寄贈されたもので、正平版『論語』が含まれています。これには正平甲辰（一三六四年）の年号が入っていて、日本で最初の木版印刷儒教経典として、非常に珍重されております。六朝記の『論語』の姿を伝える貴重なテキストです。安田文庫自体は、一九四五年三月の東京大空襲でほとんど焼けてしまったのですが、ここにあるのは、助かった貴重書です。

こちらが正平版『論語』です。皆さまのお手元に、東文研の漢籍、貴重書に関するパンフレットもあるかと思いますが、これはそのパンフレットから複写したものです。安田文庫が所蔵する、正平版『論語』の中でも最初期の版本です。

その序が次頁の右です。序の下の方に「米澤藏書」とあるのがご覧になれるかと思います。これが先ほどもお話に出ましたが、米沢の直江兼続旧蔵に由来する証拠です。そのほか、やや版が傷んだ、跋が一つの単跋本、双跋本・無跋本を取り合わせた版本、合計三種類を所蔵し

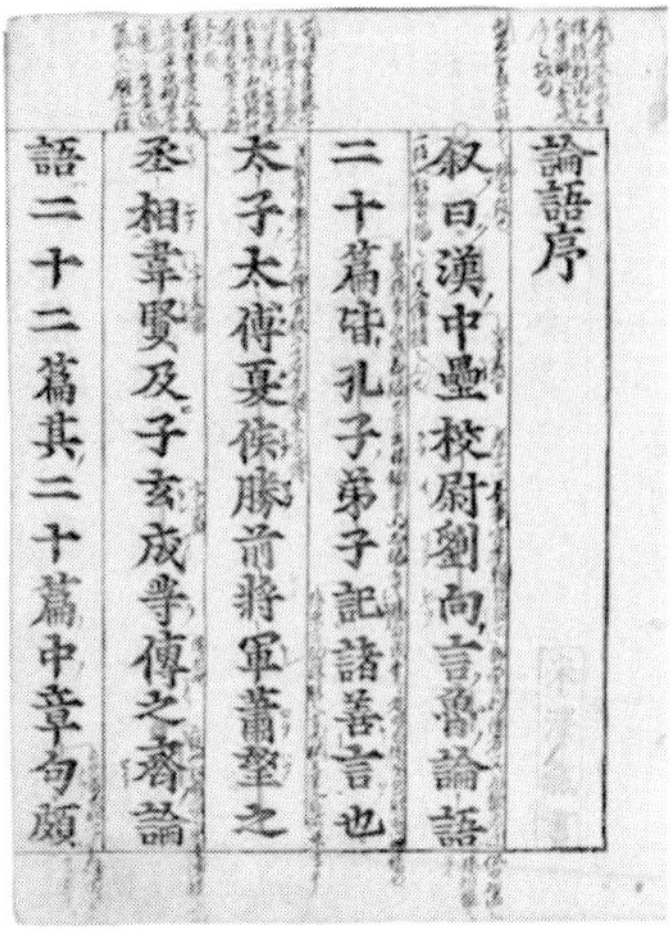

論語序
叙曰漢中壘校尉劉向言魯論語
二十篇皆孔子弟子記諸善言也
太子太傅夏侯勝前將軍蕭望之
丞相韋賢及子玄成等傳之齊論
語二十二篇其二十篇中章句頗

正平版『論語』単跋早印本　15世紀前半

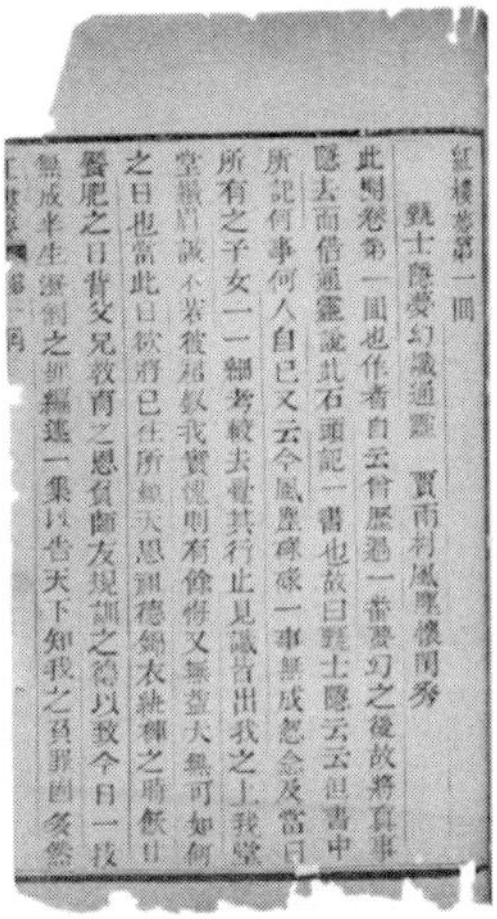

紅樓夢第一回
甄士隱夢幻識通靈　賈雨村風塵懷閨秀
此開卷第一回也作者自云曾歷過一番夢幻之後故將真事
隱去而借通靈說此石頭記一書也故曰甄士隱云云但書中
所記何事何人自己又云今風塵碌碌一事無成忽念及當日
所有之女子一一細考較去覺其行止見識皆出我之上我堂
堂鬚眉誠不若彼裙釵我實愧則有餘悔又無益大無可如何
之日也當此日欲將已往所賴天恩祖德錦衣紈袴之時飫甘
饜肥之日背父兄教育之恩負師友規訓之德以致今日一技
無成半生潦倒之罪編述一集以告天下知我之負罪固多然

『紅楼夢』一百二十回　程甲本その２

ております。

最後は両紅軒文庫です。これは東大文学部元教授、中国文学者である伊藤漱平氏のコレクションで、明末清初の李漁の諸作品、清朝の『紅楼夢』といった文学作品を中心としており、作品の版本・研究書・翻訳を網羅しています。両紅軒とは、文言小説の『嬌紅記』と『紅楼夢』の二つの「紅」の善本を擁することから名付けられました。先ほど雙紅堂文庫の説明で、『嬌紅記』の善本がここにはないと申し上げましたが、こちらは双方とも非常に貴重な版本を含んでいます。

これが『紅楼夢』の一百二十回本の程甲本です。乾隆五十六年に発行された最初の版本で、極めて貴重なものです。

これがその第一回のところです。

次が『嬌紅記』です。こちらは元代の宋遠の作品です。『紅楼夢』ほど有名ではありませんので、ちょっとご説明しますと、相思相愛のいとこ同士が恋愛感情を抱くの

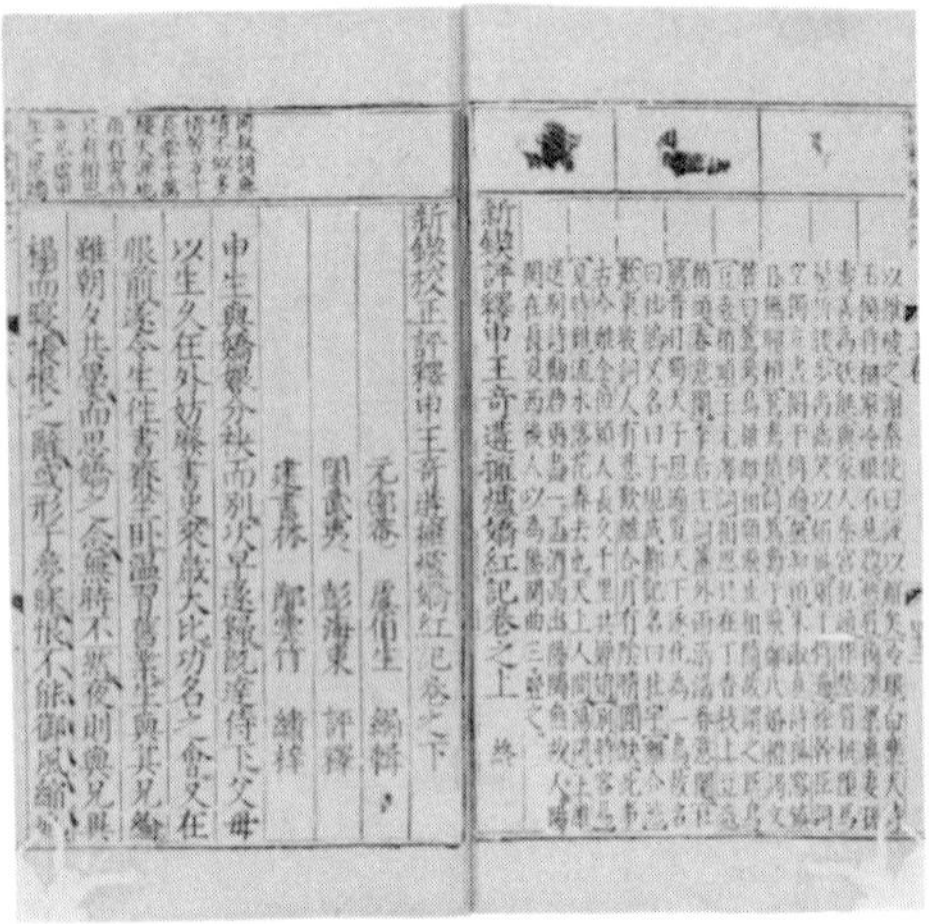

『新鍥校正評釈申王奇遘擁爐嬌紅記』　二巻明建書林鄭雲竹刊本

ですが、なかなか結ばれずに、ついにお墓の中に入って結ばれたという、現代人から見ますとある意味、身もふたもない話です。でもそういうところが当時の読者の共感を呼び、非常に人気がありました。この版本は絶海の孤本といわれ、特に貴重なものです。

そして次に、漢籍そのものではなく、漢籍データベースについてお話しします。近年、漢籍の劣化防止、誰でもアクセスできる便利さなどといった理由から、漢籍のデータベース化が国の内外で行われています。ここ東文研でも、所蔵漢籍のデータベース化を鋭意進めております。その中でも、「アジア古籍電子図書館」から閲覧できる漢籍善本全文影像資料庫と雙紅堂文庫全文影像資料庫とが、東文研のデータベースの「売り」になります。

そのデータベースは、ここからくぐれば、どなたでもご覧になることができます。

ただし、貴重漢籍の一部に関しては、外部アクセスに制限がかかっておりまして、制限なしにご覧になりたい方は、東文研図書室・総合図書館、または文学部や駒場の図書館でご覧になっていただきたいと思います。それから漢籍目録ですが、東文研は一九七〇年代に漢籍目録を出版しておりますが、デジタル化された漢籍目録も作成し、運用しております。

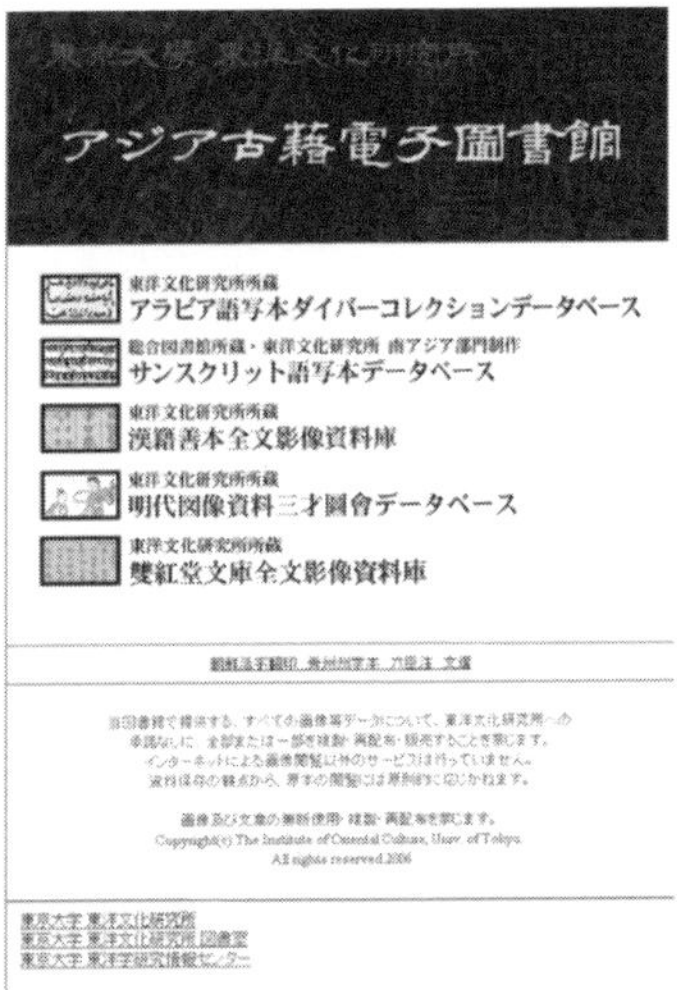

アジア古籍電子図書館

漢籍目録のトップページはこういうものです（下図）。

東洋文化研究所漢籍目録

5. その他

- 甲骨
  - ① 河井　廬氏旧蔵1,708片
  - ② 田中求堂氏旧蔵393片
  - ③ 三浦清吾氏旧蔵２片
    - – 松丸道雄『東京大学東洋文化研究所蔵甲骨文字　図版篇』(1983.3)
- その他、古銭約1,250点・銭范10点など
  - – 大半は旧東方文化学院が購入

先ほどのデータベース二つにしましても、この目録にしましても、いずれも東文研図書室のサイトからリンクが張ってありますので、そこから入られると便利ではないかと思います。

最後に番外編として、漢籍ではないのですが、それに準ずる重要な資料、甲骨、古銭や瓦当なども所蔵しております。これは図書室の管轄ではありませんので、図書室へ行っても見ることはできません。甲骨のうち、河井荃廬氏旧蔵の甲骨は、日本の不幸な近現代史を背景に持つものです。先ほど旧安田文庫が東京大空襲で焼けたとお話ししましたが、実は河井荃廬氏旧蔵の甲骨も東京大空襲で焼けました。甲骨が焼けたのみならず、河井氏ご自身も、このときの空襲で亡くなっておられます。その甲骨は爆撃の衝撃で割れて焼け、なおかつ、そばにあった陶器の釉薬まで固着してしまい、本当に大変なことになっていました。それを晩翠軒社長の井上恆一氏が購入・修復し、井上氏の依頼により、本研究所に以前勤務していた松丸道雄氏が整理し、報告書を出版しました。それが、一九八三年に出された、『東京大学東洋文化研究所蔵甲骨文字・図版篇』です。

実は今、放送大学で本学文学部の大西克也氏が「アジアと漢字文化」という授業を行っています。ご覧になった方もいらっしゃるかもしれませんが、第一回の放送でその甲骨が出てまいります。それはもちろん所蔵甲骨のごく一部ですが、甲骨の焼けたところも見ることができますので、興味がおありでしたらご覧いただければと思います。この授業は、しばらくの間、繰り返し放送されるそうです。

それから古銭約千二百五十点、銭范十点などと書いておりますが、これらのほとんどは昔の東方文化学院が集めたものです。殷代の貝貨や、戦国時代の布銭や刀銭などからなっております。これらも非常に貴重なコレクションです。

これまでご説明して参りました東文研の所蔵漢籍の特色を申し上げますと、あくまでも私の印象なのですが、やはり大木文庫や仁井田文庫がある関係上、法制史・制度史関係が非常に強いという印象があります。あと、雙紅堂・両紅軒文庫がありますが、そういうところから明清期の小説類にかなり特色があると言えます。それ以外に、経書・史書などの善本も所蔵しているところが特色ではないかと思います。

東文研所蔵漢籍の今後の方向性としまして、一つは、こういうご時世ですので、網羅的に漢籍を集めるわけには、お金の面からもスペースの面からもなかなかまいりませんので、何か特色を出しながら集めようと考えております。

もう一つは、データベース化の促進です。国内外で多くの機関がデータベースを作っております。余談ですが、先ほどの正平版『論語』の一番古い版本は大阪府立図書館にあります。大阪府立図書館のホームページでは、その最も古い版本をご覧になることができます。このように、各地で漢籍資料のデジタル化が進んでおります。やむを得ないことではありますが、貴重漢籍を直接手で触ってぱらぱらとめくると、どうしても損耗します。例えば私のように文献史学中心に研究している者からいたしますと、いつもかも本物を見る必要はない気がしますし、他のかなりの分野でもそうではないかと思います。版本学をやっておられる方のお話を伺いますと、「やはり本物を見ないとお話にならない」とのことですから、もちろんそういう方は別です。しかしそれ以外の大概の方は、データベースの写真版をご覧になれれば通常十分ではないかと思いますし、そうしていただくことが、貴重漢籍の保存と保護において、非常に有益だと思います。

このように、今日は非常に簡単にですが、東文研所蔵漢籍についてご説明してまいりました。東文研所蔵漢籍は、最初に申しましたように、東文研の歴史のかなり大きな部分を占めるものであり、今後も非常に重要な地位にあり続けるものと思われます。これらの漢籍は、東文研の存在価値の一つではないかと思います。

つたない報告でしたが、これにて終わらせていただきます（拍手）。

質疑応答

（司会）どうもありがとうございました。これから質問をお受けします。質問のある方は手を挙げてください。

(質問者1)　今日のいろいろなお話は大変参考になり、ありがとうございました。私も漢籍のことをよく分かっておりませんので、今日は参りました。データベース化するには、漢籍がたくさんありますよね。そうすると、目録をきちんと取ってからでなければ、先に進まないですよね。いきなり写真を撮ってしまって、それを皆さんにお見せするということでしょうか。

(小寺)　いえ、当然、受け入れる際には目録を作って、データベース化するということですが、実際にどういう作業をされているかというのは、具体的には私もよく分かっていないのです。当然ながら、目録作りの作業をやりつつ、写真撮影もして、それをアップするということになります。アップする際には、アップするかしないかという選択を行うと思います。

(質問者2)　貴重な資料をたくさんお持ちだと思うので、利用もたくさんあるかと思うのですが、利用についてはデータベース化を行って対応していくというお話だったと思います。逆に資料の保護といったことについて、どんな方策を取られているのか、参考までにお聞かせ願えればと思うのですが。

(小寺)　資料の保護について私が理解している範囲では、漢籍の保管庫について、年に何回か、定期的に検査を行って、書庫内にどれだけ虫がいるかとか、湿度や気温などを調査し、それが本に与える影響を考慮しております。あと、データベース化や、マイクロフィルムに撮影する作業も行っております。また、あまりにも傷みのひどいものに関しては補修します。そしてやはりできる限り、データベースや写真版・影印版などを使っていただくことです。必ず原本に当たらねばならない事情がなければ、そうしていただいております。私がお答えできるのはそれくらいです。

（司会）図書室の方から。書庫の耐震強度がちょっと足りなかったことがあって、耐震強化をしたときに、エアコンと空調の割といいものを全館付けていただいたのと、それからデータロガーで、湿度と温度は一年中データを取りまして、それを月に一回チェックし、湿度や温度で問題があるようなところがあったら原因を探って、対策をとっていただくようにずっとしております。

それから、虫に関しましても、虫のチェックをするようなトラップを各フロアに十二〜十六個ぐらい置いておいて、それも月に一回チェックして、どういう虫がいるか、書庫のどの辺にどのような虫がいるかということを見ています。虫のたくさん載っている図鑑などでチェックしたりして、それも専門のところにもお送りして見ていただいて、アドバイスをしていただいたりというようなことをしております。

（司会）では、どうもありがとうございます（拍手）。

あとがき

東洋文化研究所図書室の講演会は、平成十七年度に当図書室の蔵書の主要部分を占める「アジア古籍」に関する保全をテーマとして始まりました。貴重な資料を日常的に取り扱い、管理する立場の我々図書室職員が、資料保全についての正しい知識を得ることを目指す講演会でした。

四年間の事業を終えたのち、資料保全に限らず、広く漢籍全般について、さらに知識を深めたい、との思いから企画されたのが、この「はじめての漢籍」講演会です。

私の前任の風巻みどり主査を始め、図書室職員が企画・準備し、全員で当日運営にあたりました。不慣れなため至らない点も多かったと思いますが、お陰さまで毎回、大勢の方にお集まりいただき、大変好評をいただきました。

講師の先生方には、お忙しい中、貴重なご講演をいただき、さらに今回、出版のための原稿執筆を快くお引き受けいただき、ありがとうございました。この場を借りて厚く御礼申し上げます。

平成二十三年三月

三浦　圭子

東洋文化研究所図書室スタッフ

三浦　圭子
須永　雅子
山口　香織
大川　直子
菅原　英子
安食　優子
川崎　潤子
近藤　恭子
西村　直子
中山真由美
山口　明子

（平成二十一年度）

風巻みどり
田崎　淳子
等々力達也

三刷時（2016年8月）執筆者所属一覧（掲載順）

羽田　　正　　東京大学東洋文化研究所教授、東京大学理事・副学長。

大木　　康　　東京大学東洋文化研究所教授。

齋藤　希史　　東京大学大学院人文社会系研究科教授。

橋本　秀美　　青山学院大学国際政治経済学部教授。

平勢　隆郎　　東京大学東洋文化研究所教授。

石川　　洋　　東京大学大学院人文社会系研究科講師（教育研究情報管理室・視聴覚教育センター担当）。

小寺　　敦　　東京大学東洋文化研究所准教授。

（主要著書・論文）

『近代中国の思索者たち』（共著、佐藤慎一編、1998年、大修館書店）

「師復と無政府主義――その論理と価値観を中心に――」（『史学雑誌』102編8号）

「『新世紀』の李石曽――公と進化のアナキズム――」（東京大学中国哲学研究会『中国哲学研究』16号）

「平等と嫉忌心――劉師培のアナキズムについての一考察――」（東京大学中国哲学研究会『中国哲学研究』21号）

小寺　敦（こてら　あつし）

1969年、滋賀県大津市生まれ。2005年、東京大学人文社会系研究科アジア文化研究専攻東アジア歴史社会専門分野修了。博士（文学）。

現在、東京大学東洋文化研究所准教授。中国古代史専攻。

（主要著書・論文）

『先秦家族関係史料の新研究』（2008年、汲古書院）

「先秦時代の婚姻に関する一考察――戦国王権の正統性に関連して――」（『史学雑誌』109編1号）

「中国古代における『詩』の成立と伝播に関する一考察――共同祭祀の場との関係を中心に――」（『史学雑誌』114編9号）

「先秦時代「譲」考――君位継承理念の形成過程――」（『歴史学研究』871号）

橋本　秀美（はしもと　ひでみ）

1966年、福島県生まれ。1994年、東京大学大学院人文系中国哲学修士課程修了。1999年、北京大学中文系古典文献博士課程修了。2000年、東京大学東洋文化研究所助教授。2007年、同准教授。

現在、北京大学歴史系副教授。歴史文献学専攻。

（主要著書・論文）

『義疏学衰亡史論』（2001年、白峰社）

『論語——心の鏡』（2009年、岩波書店）

倪其心『校勘学講義』・洪誠『訓詁学講義』（共訳、2003年、すずさわ書店）

平勢　隆郎（ひらせ　たかお）

1954年、茨城県生まれ。1981年、東京大学大学院人文科学研究科修士課程修了。博士（文学）。

現在、東京大学東洋文化研究所教授。中国古代史専攻。

（主要著書・論文）

『新編史記東周年表——中国古代紀年の研究序章』（1995年、東京大学東洋文化研究所・東京大学出版会）

『中国古代紀年の研究——天文と暦の検討から』（1996年、東京大学東洋文化研究所・汲古書院）

『左伝の史料批判的研究』（1998年、東京大学東洋文化研究所・汲古書院）

『『春秋』と『左伝』』（2003年、中央公論新社）

石川　洋（いしかわ　ひろし）

1963年、東京生まれ。1994年、東京大学大学院人文科学研究科東洋史学専攻博士課程単位取得退学。文学修士。1994年、東京大学大学院人文科学研究科助手（漢籍コーナー担当）。

現在、東京大学大学院人文科学研究科講師（教育研究情報管理室・視聴覚教育センター担当）。中国近代史専攻。

執筆者紹介（掲載順）

羽田　正（はねだ　まさし）

1953年、大阪市生まれ。1983年、パリ第3大学博士課程修了。Ph. D。

現在、東京大学東洋文化研究所長・教授、歴史学専攻。

（主要著書・論文）

『イスラーム世界の創造』（2005年、東京大学出版会）

『東インド会社とアジアの海』（2007年、講談社）

『冒険商人シャルダン』（2010年、講談社）

大木　康（おおき　やすし）

1959年、横浜市生まれ。1986年、東京大学大学院人文科学研究科中国語中国文学専門課程単位取得退学。博士（文学）。

現在、東京大学東洋文化研究所教授。中国文学専攻。

（主要著書・論文）

『中国遊里空間　明清秦淮妓女の世界』（2002年、青土社）

『馮夢龍『山歌』の研究　中国明代の通俗歌謡』（2003年、勁草書房）

『明末江南の出版文化』（2004年、研文出版）

『冒襄と『影梅庵憶語』の研究』（2010年、汲古書院）

齋藤　希史（さいとう　まれし）

1963年、千葉県生まれ。京都大学大学院文学研究科博士課程（中国語学中国文学）単位取得中退。

現在、東京大学総合文化研究科准教授。中国古典文学専攻。

（主要著書・論文）

『漢文脈の近代　清末＝明治の文学圏』（2005年、名古屋大学出版会）

『漢文脈と近代日本』（2007年、日本放送出版協会）

『漢文スタイル』（2010年、羽鳥書店）

はじめての漢籍
平成二十三年五月　十六日　第一刷発行
平成二十八年八月三十一日　第三刷発行
編　者　東京大学東洋文化研究所図書室
発行者　三　井　久　人
製版印刷　モ　リ　モ　ト　印　刷㈱
発行所　汲　古　書　院
〒102-0072　東京都千代田区飯田橋二―五―四
電　話〇三（三二六五）九七六四
FAX〇三（三二二二）一八四五
ISBN978－4－7629－2899－4　C3000

KYUKO－SHOIN, Co., Ltd. Tokyo

東京大学東洋文化研究所主催講演会

はじめての漢籍

日時　平成21年11月11日（水）　10時30分

会場　東京大学本郷キャンパス
東洋文化研究所３階大会議室

出典　三才図会より

10:30
開会挨拶
羽田　正（東洋文化研究所長）

10:45 ～ 11:45
漢籍とは？
大木　康（東洋文化研究所教授）

13:15 ～ 14:25
初心者向け四部分類解説
橋本秀美（東洋文化研究所准教授）

14:35 ～ 15:35
東京大学文学部漢籍コーナーの漢籍について
石川　洋（大学院人文社会系研究科助手）

15:45 ～ 16:45
東京大学東洋文化研究所の漢籍について
小寺　敦（東洋文化研究所准教授）

※各講演の最後に質疑応答の時間（10分程度）を設ける予定です。

◯受講料：無料
◯定員：75名
下記へメール、FAX、はがきでお申し込みください。
◯問い合わせ・申し込み先
東京大学東洋文化研究所図書室
〒113-0033　東京都文京区本郷7-3-1
e-mail: lib-info@ioc.u-tokyo.ac.jp（講演会関連専用）
FAX: (03)5841-5898
「はじめての漢籍申し込み」と明記してください。

ホームページでもご案内しています。
http://www.ioc.u-tokyo.ac.jp/~library

東京大学東洋文化研究所主催講演会

はじめての漢籍

その二

日時　平成22年6月9日（水）13時

会場　東京大学本郷キャンパス
総合図書館3階大会議室

13:00
開会挨拶
大木　康（東洋文化研究所副所長）

13:15 〜 14:15
漢籍を読む
齋藤希史（大学院総合文化研究科准教授）

14:30 〜 15:30
工具書について
平勢隆郎（東洋文化研究所教授）

15:45 〜 16:45
東京大学総合図書館の漢籍について
大木　康（東洋文化研究所教授）

※各講演の最後に質疑応答の時間（10分程度）を設ける予定です

●受講料：無料

●定員：90名
受講を希望される方は、必ず事前に e-mail・FAX・はがきでお申し込みください。

●問い合わせ・申し込み先
東京大学東洋文化研究所図書室
〒113-0033　東京都文京区本郷 7-3-1
e-mail:kanseki2@ioc.u-tokyo.ac.jp（本講演会専用）
FAX: (03)5841-5898

お申し込みにあたっては、「はじめての漢籍その二　申し込み」と、氏名･連絡先（メールアドレス･住所）を明記してください。

ホームページでもご案内しています。
東洋文化研究所図書室ホームページ
http://www.ioc.u-tokyo.ac.jp/~library

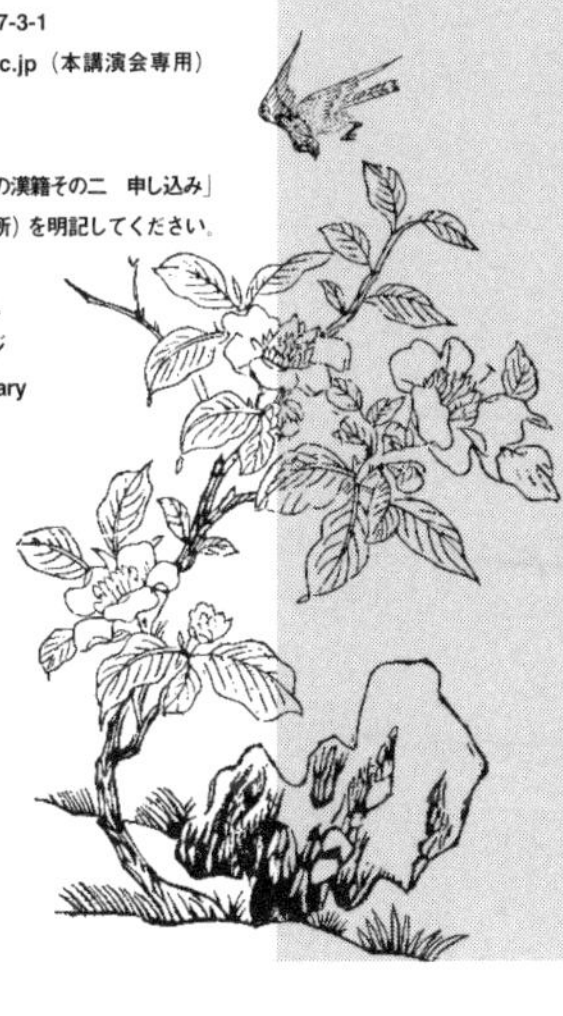

出典　三才図会より